Auf krummen und geraden Wegen

Herausgegeben von
Bibelpastorale Arbeitsstelle SKB, Zürich
wtb. Deutschschweizer Projekte Erwachsenenbildung, Zürich

Redaktionskreis
Dieter Bauer, Brigitte Schäfer, Angela Wäffler-Boveland, Peter Zürn

Band 9

Dieter Bauer / Christa Breiing / Peter Zürn

Auf krummen und geraden Wegen

Biblische Familiengeschichten erzählen

Verlag Katholisches Bibelwerk

www.bibelwerk.de

Umschlaggestaltung: ABSICHT AG, Stuttgart
Druck: J.F Steinkopf Druck GmbH, Stuttgart

ISBN 3-460-08509-6

Inhaltsverzeichnis

Vorwort

Die Bibel ist voll von Erzählungen. Sie beginnt mit Erzählungen vom Ursprung der Welt und des Menschen, erzählt von den Anfängen Israels in Familiengeschichten, von der Befreiung der Hebräer aus Ägypten und ihrer Landnahme in Kanaan. Selbst die geschichtlichen Überlieferungen Israels sind überwiegend als Erzählungen gestaltet. Und noch im Neuen Testament wird nicht nur vom Leben Jesu erzählt, sondern er selbst zeigt sich als begnadeter Erzähler von Gleichnisgeschichten.

Erzählt wurde (und wird) viel im Vorderen Orient, wo die Bibel ihren Ursprung hat. In unseren Breiten hingegen war das Erzählen lange Zeit aus der Mode, ja fast vergessen. Als die Brüder Grimm Anfang des 19. Jahrhunderts ihre Kinder- und Hausmärchen sammelten, war das bereits ein sicheres Zeichen, dass die Epoche des (Märchen-)Erzählens vorbei war. Ihr Unternehmen war eine Art „Rettungsgrabung" bevor diese Schätze endgültig verloren gehen.

In jüngster Zeit allerdings gibt es so etwas wie eine Renaissance des Erzählens. Wie in einer Gegenbewegung zur immer schneller und hektischer werdenden Zeit und zur Reizüberflutung durch die Medien finden sich immer mehr Menschen um Erzählerinnen und Erzähler zusammen oder kaufen sich Hörbücher. Ganz bewusst nehmen sie sich Zeit zuzuhören und genießen die ganz andere Qualität einer gut erzählten Geschichte. Was läge also näher, als auch den reichen Schatz biblischer Erzählungen nicht nur zu lesen, sondern erzählend zu Gehör zu bringen?

Wir haben für dieses Buch aus der Fülle biblischer Erzählungen die Familiengeschichten des Buches Genesis ausgewählt: die Geschichten von Abraham und Sara und ihrer Magd Hagar, von Isaak und Rebekka mit ihren Kindern Esau und Jakob, die Familiengeschichte Jakobs und seiner Frauen Rahel und Lea. Wir sind überzeugt, dass diese Familiengeschichten nicht nur Kleinode sind, die durch das Erzählen ihre ganz eigene Strahlkraft entwickeln können, sondern auch, dass diese Familiengeschichten noch immer höchst aktuell sind. Sie haben in den Jahrhunderten, in denen sie wieder und wieder erzählt wurden, eine solche Fülle von Lebenserfahrungen in sich aufgenommen, dass sie noch heute in ihrer Weisheit frappieren.

Wir meinen auch, dass gerade heute, wo die Familie als Institution (wieder einmal) in die Krise geraten ist, das Hören und Erzählen dieser Familiengeschichten dazu beitragen könnte, über manches in unseren Familien ins Gespräch zu kommen. Dabei geht es nicht darum, biblische Familien als die großen Vorbilder vor Augen zu stellen. Sehr schnell merkt man, dass sie für den erhobenen Zeigefinger nicht taugen. Es gibt wirklich nichts, was ihnen fremd wäre: Lügen und Betrügen, rücksichtsloses Durchsetzen eigener Interessen, Dreiecksgeschichten, Feigheit und Gleichgültigkeit den Partnern gegenüber, das Opfern der eigenen Kinder und der angedrohte Totschlag ...

Die erfrischende Ehrlichkeit, in der diese Familiengeschichten erzählt werden, hilft auch uns, unsere eigenen, oft so unglücklich empfundenen Familiengeschichten daneben zu halten. Und was sich dabei lernen ließe: Auch wenn es nicht immer ein Happy End gibt – schon damals nicht –, so waren die biblischen Erzähler auf Grund ihrer eigenen Lebenserfahrung davon überzeugt, dass in allen Höhen und Tiefen immer Gott mit dabei war, auch auf den krümmsten Wegen. Und selbst da, wo Gott nicht als Freund und Begleiter, sondern geradezu als Gegner empfunden wurde, fand sich eine Lösung.

Wir haben dieses Buch nicht „neu erfunden". Die Familiengeschichten sind längst da und warten nur darauf erzählt zu werden. Aber auch für dieses Buch gibt es einen „Vorläufer", das Dossier „Geh Deinen Weg", das Hans Schwegler und Isabelle Metzler 1996 für die Bibelwerkstätten des Schweizerischen Katholischen Bibelwerks geschrieben haben. Wir haben aus diesem Dossier manches übernommen, anderes aber auch eigenständig neu erarbeitet. Wir danken den beiden ganz herzlich, dass wir auf ihren Vorarbeiten aufbauen durften. Und der ehemaligen Kollegin Regula Grünenfelder möchten wir danken für das aufmerksame Lesen des methodischen Teils und ihre Hinweise.

Uns selbst hat diese Premiere einer schriftstellerischen Gemeinschaftsarbeit an der Bibelpastoralen Arbeitsstelle viel Freude bereitet, und wir wünschen auch unseren LeserInnen und Lesern, dass der Funke der Erzählfreude überspringt.

Zürich, an Ostern 2005

Dieter Bauer
Christa Breiing
Peter Zürn

I. Teil

Bibeltheologische Einführung

1 Biblische Familiengeschichten: sehr nah und doch fremd

Sara, Rebekka, Jakob, Lea, Rahel ... das sind Kindernamen, die heute wieder ziemlich aktuell sind. Die meisten Eltern, die ihren Kindern solche Namen geben, werden vielleicht noch wissen, dass diese Namen in der Bibel vorkommen. Die Geschichten allerdings, die sich mit diesen Namen verbinden, dürften schon weniger bekannt sein: die Familiengeschichten, die sich ganz am Anfang der Bibel finden. Wie können wir wieder einen Zugang zu diesen Geschichten finden?
Wir versuchen es mit einem Bild: das Bild vom Text als Textil, von der Geschichte als Gewebe. Jede Geschichte ist ein Gewebe aus verschiedenen Fäden, die einem bestimmten Webmuster folgen. Die Namen in den biblischen Familiengeschichten sind einige der Fäden, aus denen sie gewoben sind. Um die Fäden und das Webmuster der biblischen Familiengeschichten soll es im Folgenden gehen. Manche dieser Fäden reichen weit in die Vergangenheit zurück und manche verknüpfen uns auch heute mit diesen alten Geschichten – weil die Geschichten weiter erzählt wurden und weiter wirken.

Sehr nahe Geschichten ...

Die biblischen Familiengeschichten sind Erzählungen von Frauen und Männern, von Eltern und ihren Kindern über mehrere Generationen hinweg. Das ist etwas, was uns nahe ist, weil wir das kennen: Auch wir entstammen Familien, sind geprägt durch unsere Erfahrungen als Tochter oder Sohn, die meisten von uns auch durch Beziehungen zu Geschwistern. Wir leben als Mann oder Frau, unser Leben wird mitbestimmt durch unsere biologische Ausstattung und die Geschlechterrollen in unserer Gesellschaft. Viele von uns sind inzwischen selbst Eltern und Großeltern geworden. Solche Erfahrungen bilden das Webmuster unserer Lebensgeschichte. Und gerade heute wächst das Bewusstsein wieder dafür, wie stark wir von unserer Familiengeschichte geprägt sind.
In den biblischen Familiengeschichten werden uns Menschen mit ihren Stärken und Schwächen in konkreten Situationen des Lebens gezeigt. Es sind keine übermenschlichen Heldinnen und Helden, sondern „Menschen wie du und ich". Wir sehen bei Abraham und Sara, wie sie mit ihrem Kinderwunsch und der anhaltenden Unfruchtbarkeit umgehen. Wir erhalten Einblick in Dreiecksgeschichten und Beziehungskonflikte, die gewaltsam und tödlich zu enden drohen. Wir werden damit konfron-

tiert, wie Kinder zum Opfer der Lebensideale ihrer Eltern werden können und wie sich Familienthemen über Generationen weiterziehen. Wir lesen von Erotik und Liebe, von Betrügereien und Verwechslungen. Wir begleiten Menschen bei ihren Entwicklungsschritten und Reifeprozessen, beim Kampf mit dem Schatten, bei ihren Aufbrüchen und Rückschritten. Damit wird auch unserem Leben ein Spiegel vorgehalten. Wir erkennen uns wieder in Personen, Konflikten, Konstellationen und können so unsere eigenen Verhaltensmuster überdenken.

... und doch fremd

Bei all unserer Verbundenheit mit den biblischen Familiengeschichten bleiben sie uns dennoch fremd. Sie spielen in einer längst vergangenen Zeit, in einer uns weit gehend unbekannten Gegend der Welt und in einer für uns fremden Kultur. Wenn wir nichts über diese Hintergründe wissen, werden sich uns die Texte nicht erschließen. Ihr geographisches Umfeld, ihr sozialer und religiöser Hintergrund, die literarischen Formen ihrer Zeit sind eben auch Fäden, aus denen sie gewoben sind.
Hinzu kommt: Die Erzählungen, wie sie heute vorliegen, sind das Ergebnis eines langen Überlieferungsprozesses. Manche Fäden der Geschichten reichen historisch gesehen wohl bis in die Zeit um 1400 v. Chr. zurück. An den Familiengeschichten haben Menschen aus verschiedenen Zeiten immer weiter gewoben. Die einzelnen Schritte dieser Bearbeitung sind manchmal noch erkennbar. Angesichts neuer Herausforderungen und neuer Fragen erinnerte man sich an die Vergangenheit und erzählte die alten Geschichten neu, so dass sie auch in der Gegenwart und für die Zukunft Sinn machten. Dies ist eine für die Bibel typische Form des Umgangs mit Geschichte und Geschichten. Die Bearbeitung der Geschichten folgte wiederum bestimmten Webmustern, deren Kenntnis für das Verständnis der Texte hilfreich ist. Die Zeit nämlich, in der die biblischen Familiengeschichten ihre heute vorliegende Gestalt bekommen haben, liegt beinahe 1000 Jahre später als die Zeit, von der sie erzählen. Sie ist geprägt von der Erfahrung des babylonischen Exils (586-535 v. Chr.). Nach dem Verlust der staatlichen Selbständigkeit, von Land und Tempel und den damit verbundenen religiösen und theologischen Vorstellungen wurden die alten Geschichten „aktualisiert": sie wurden überarbeitet und in die heute vorliegende Reihenfolge gebracht, um zur Bewältigung der Exilserfahrung beizutragen (siehe dazu S. 25f).

2 Überblick über die biblischen Familiengeschichten

Die Familiengeschichten des Buches Genesis bilden vier größere Erzähleinheiten von unterschiedlicher Länge. Sie entsprechen der Generationenfolge Abraham-Isaak-Jakob-Jakobssöhne. Die Geschlechterfolge Abraham-Isaak-Jakob ist bereits in der Bibel zu einer feststehenden formelhaften Wendung geworden, wie z. B. Ex 3,6: „Ich bin der Gott deines Vaters, der Gott Abrahams, der Gott Isaaks und der Gott Jakobs". Dabei nehmen die Erzählungen um Abraham und Sara einerseits sowie die Geschichten um Jakob und seine Kinder andererseits einen weitaus größeren Raum ein als die Erzählungen um Isaak und Rebekka. Unter den Erzählungen von den Nachkommen Jakobs wiederum ist die Josefsgeschichte die umfangreichste und unterscheidet sich zugleich von den anderen Familiengeschichten. Anders als die vorhergehenden Familiengeschichten, die aus einzelnen, meist an bestimmte Orte gebundenen, sagenhaften Überlieferungen bestehen, die nur lose zu einem „Erzählkranz" zusammengefügt sind, bildet die Josefsgeschichte eine durchgestaltete Einheit im Stil einer Novelle oder eines Entwicklungsromans mit deutlicher didaktischer Tendenz. Die Bibelarbeiten in diesem Buch konzentrieren sich auf Texte aus den ersten drei Erzähleinheiten:

1. Genesis 12-23 und 25,7-11
Abraham und Sara werden von Gott gerufen, die Heimat zu verlassen und in ein Land zu gehen, das Gott zeigen werde. Sie folgen dem Ruf und gelangen nach Kanaan. Während einer Hungersnot flüchten sie nach Ägypten, wo Abraham seine Frau aus Angst vor dem Pharao als seine Schwester ausgibt und sie dem Pharao für seinen Harem überlässt (was später mit einem anderen Herrscher noch einmal erzählt wird). Glücklich mit der durch Gott geretteten Sara heimgekehrt, erhält Abraham die Verheißung, dass seine Nachkommen so zahlreich werden wie die Sterne am Himmel. Trotzdem bleiben die beiden sehr lange kinderlos. Um ihrer großen Not abzuhelfen, gibt Sara dem Abraham ihre Magd Hagar zur Leihmutter, die ihm den Sohn Ismael zur Welt bringt. In hohem Alter wird Abraham und Sara dann doch noch ein gemeinsamer Sohn, Isaak, geboren, den geheimnisvolle Besucher angekündigt hatten. Die Konkurrenz der Mütter führt zur Vertreibung Hagars, aber auch zur Segenszuwendung Gottes an die Verstoßene. Daran schließt sich eine dunkle, bestürzende Erzählung an, in der Gott dramatisch vor Augen führt, dass er keine Menschenopfer will. Mit dem Tod Saras und Abrahams endet diese Erzähleinheit.

2. Genesis 24-26

In der Familiengeschichte Isaaks und Rebekkas ragt die Brautsuche für Isaak als eindrückliche und in orientalischer Erzählfreude geschilderte Erzählung hervor. Isaak selbst tritt dabei kaum in Aktion, während Rebekka von Anfang an als selbständig entscheidende und handelnde Frau geschildert wird. Sie gebiert die Zwillinge Esau und Jakob, an deren Geschwisterkonstellation sich verschiedene Familien- und Volksgeschichten heften. Isaak erhält wie Abraham die Verheißung zahlreicher Nachkommen. Wie von Abraham, so wird auch von ihm erzählt, wie er aus Angst seine Frau verleugnet und als seine Schwester ausgibt.

3. Genesis 27-33 und 35,1-15

Die Familiengeschichte Isaaks und Rebekkas mündet nahtlos in jene Jakobs, der mit seinem späteren Namenswechsel zu „Israel" in besonderer Weise als Identifikationsfigur für das Volk Israel dient. Nachdem Jakob seinem Bruder Esau bereits das Erstgeburtsrecht gegen ein Linsengericht abgekauft hatte, erlistet er – mit Rat und Tat von seiner Mutter Rebekka unterstützt – auch den väterlichen Segen. Vor der Wut Esaus muss er zu Rebekkas Bruder Laban flüchten. Unterwegs begegnet er Gott im Traum und erhält die Verheißung zahlreicher Nachkommen. Bei Laban wird er erst einmal selbst zum Betrogenen: Statt mit Labans Tochter Rahel, für die er sieben Jahre gedient hatte, wird er mit deren älterer Schwester Lea verheiratet. Und für Rahel muss er weitere sieben Jahre arbeiten. Dann kommt es aufgrund von Jakobs großem Erfolg in der Viehzucht zu solchen Spannungen mit Laban, dass Jakob, Rahel und Lea heimlich flüchten müssen. In der Geschichte Rahels und Leas ereignen sich wesentliche Erfahrungen der Familiengeschichten ein zweites Mal: die Kinderlosigkeit Rahels, die Rivalität zwischen Frauen und Geschwistern und die Flucht von zuhause. Rahel wird immer mehr zur Parallelfigur Jakobs: beide kämpfen Gotteskämpfe, Rahel mit ihrer Schwester und Jakob mit einem Unbekannten des Nachts an einem Flussübergang. Beide setzen sich durch. Dann, nach vielen Jahren kommt es endlich zur Wiederbegegnung der Brüder Esau und Jakob. Sie versöhnen sich, bleiben in Zukunft aber trotzdem auf Abstand.

4. Genesis 34-50

Unter den Erzählungen von den Kindern Jakobs nimmt die Josefsgeschichte den breitesten Raum ein. Sie soll hier nicht näher beschrieben werden, da sie für die Bibelarbeiten keine Rolle spielt. Sie bildet mit Josefs Erfolgen in Ägypten und der Übersiedlung der ganzen Familie dorthin den erzählerischen Übergang zum Buch Exodus.

3 Das Besondere biblischer Familiengeschichten

Gemeinschaft bildende Geschichten

Die biblischen Familiengeschichten sind keine Biografien historischer Einzelpersönlichkeiten und keine privaten Erinnerungen. Sie waren von Anfang an politische Erzählungen und dienten schon in den ersten Phasen ihrer Entstehung zur Identitätsbildung einer bestimmten sozialen und religiösen Gemeinschaft, zunächst eines Stammes, später des Volkes Israel. Da der Familienverband in Israel zu biblischer Zeit die soziale Grundeinheit war, konnte man mit dieser Erzähltechnik sowohl Volksgeschichte schreiben, als auch Identifikationsmöglichkeiten für einzelne Menschen bieten.

Diese Besonderheit wirkt bis heute fort: Die Männer und Frauen der Familiengeschichten spielen eine zentrale Rolle in der Geschichte der drei Religionen, die unseren Kulturkreis am stärksten geprägt haben, im Judentum, im Christentum und im Islam. Ihre Geschichte wird als Beginn der Beziehung zwischen Gott und den Menschen erzählt. Sie gelten als Stammeltern, als Anfang des Stammbaumes der Glaubensgeschichte. Ein anderer Ausdruck bezeichnet sie als Erzeltern („Erz" vom griechischen: *archä* = „Anfang"). Was wir hier unter der Überschrift biblische Familiengeschichten beschreiben, ist deswegen auch unter dem Titel „Stammeltern-" oder „Erzelterngeschichten" bekannt. Die Erzählungen zeigen sie als Gründungsfiguren mit Vorbildcharakter. Was Männer und Frauen an den Anfängen des Volkes mit ihrem Gott erleben, ist nicht nur als individuelle, private Gotteserfahrung zu werten, sondern es ist erzählte und in hohem Maße reflektierte Theologie. Und: Die Art und Weise diese Geschichten zu lesen und weiterzuerzählen prägt das Bild, das Religionen von sich selbst entwerfen. An diesem Bild können wir durch unsere Art zu erzählen mitwirken.

Nicht nur Väter- – auch Müttergeschichten

Die biblischen Familiengeschichten spielen in einem patriarchalen Umfeld, in welchem Männer die Oberhäupter der Nomadensippen sind. Die Erbfolge läuft über den männlichen Erstgeborenen, es ist vom Gott der Väter die Rede, die Geschichten sind weitgehend in einer androzentrischen (vom griechischen *andros* = „Mann") Perspektive verfasst. Diese Perspektive setzt sich bis heute fort, wenn angesichts der biblischen Familiengeschichten einseitig von Patriarchen- oder Vätergeschichten ge-

sprochen wird, wie das leider allzu oft passiert. Diese Tradition wollen wir hier nicht fortsetzen.
Wenn wir deshalb im Folgenden von „Familiengeschichten" sprechen, so möchten wir dadurch die traditionellen Begriffe „Patriarchenerzählungen", „Vätergeschichten" u. ä. vermeiden, auch wenn nicht jede Geschichte eine Familiengeschichte im engeren Sinn ist. Denn bei einem genauen Blick auf die Geschichten fällt auf, dass sie von Männern *und* Frauen erzählen. Allein innerhalb der „Abrahamserzählungen" hat beinahe jeder zweite Text Frauen als tragende Figuren der Handlung. Nicht nur die Männer, Väter und Söhne, sondern auch die Frauen, Mütter und Töchter sind in den biblischen Familiengeschichten wichtig. Nicht nur Männer sind die Stammväter des Volkes und Vorbilder im Glauben, auch die Frauen sind Stammmütter und verkörpern eine Gottesbeziehung mit Vorbildcharakter. Diese Wertung der Frauen ist übrigens biblisch gut verankert. In der Zeit des babylonischen Exils, nach dem katastrophalen Ende bisheriger Glaubensüberzeugungen, sucht der Prophet Jesaja nach Orientierungen und Vorbildern:

Hört mir zu,
die ihr Gerechtigkeit nachjagt und Jahwe sucht!
Schaut auf den Fels, aus dem ihr gehauen seid,
auf die Höhlung des Brunnens, aus dem ihr gegraben seid!
Schaut auf Abraham, euren Vater,
und auf Sara, die euch geboren hat!
Denn als einzelnen rief ich ihn,
segnete ihn und mehrte ihn. (Jes 51,2)

Abraham und Sara werden hier als Fels und Brunnenhöhlung bezeichnet; sie sind in der Zeit der Fremde die tragenden Fundamente und Quellen israelitisch/jüdischer Identität: als Stammvater und Stammmutter Israels. Zu meinen, das „ihn" in den beiden letzten Zeilen beziehe sich allein auf Abraham, wäre ein Missverständnis. Wir müssen es als Pronomen für beide Geschlechter verstehen. Männer *und* Frauen, Hörerinnen *und* Hörer, die in der Krise Gott suchen, werden angesprochen: Nehmt Abraham und Sara als Zeichen dafür, dass Gott Menschen ruft und auch euch heute segnen und mehren wird! Fels und Brunnen sind Urbilder für Fortbestand und Fruchtbarkeit.
Nimmt man ernst, dass hier Volksgeschichte als Familiengeschichte erzählt wird, so verhindert das, dass wir die Geschichten einseitig auf dem Hintergrund heute vorherrschender Geschlechterrollen deuten: In den Familiensagen sind die Frauen nicht nur Mütter in der kleinen Pri-

vatsphäre ihres Haushalts, sie sind auch – wie die Männer – tragende Säulen der Gesellschaft. Es geht also nicht an, diese Erzählungen in Bezug auf die Frauen als idyllische Familienerzählungen zu deuten, in Bezug auf die Männer aber als politische Volksgeschichte. Das Handeln der Frauen in der Familie ist politisches Handeln, denn die Familie ist die politische Öffentlichkeit.

Die Familiengeschichten der Genesis – v. a. die Kapitel 12-36 – bekunden ein starkes Interesse an den Lebenszusammenhängen von Frauen. Die ersten Kapitel des Buches Exodus sowie das Buch Rut sind gewissermaßen eine Fortsetzung dieser Linie, worin Frauen durch ihr engagiertes Handeln der Geschichte des Volkes eine entscheidende Wendung geben. Sie sind zudem durch Stammbäume mit den Familiengeschichten verknüpft: Sara und Hagar, Rebekka, Lea und Rahel, Schifra und Pua, Jochebed und Mirjam, Debora und Jael, Noemi und Rut sind die Mütter des Volkes, die Stammmütter, die das „Haus Israel auferbauen" (vgl. Rut 4,11). Das Selbstverständnis Israels und die Begründung seiner Identität werden mit diesen Frauen – trotz der unbestrittenen Hervorhebung der Stammväter – von der weiblichen Linie her gesehen. Und noch das Matthäusevangelium (1,1-17) nimmt in den Stammbaum Jesu 5 Frauen auf – eine absolute Besonderheit in ansonsten von Männern geprägten biblischen Stammbäumen.

In den patriarchalen Gesellschaften des Altertums ist eine derartige Betonung des weiblichen Anteils an der Geschichte, der Gesellschaft und den Stammeslisten ungewöhnlich und mehr als bemerkenswert. Dabei wird nicht nur viel *über* Frauen erzählt, sondern Frauen *selber* deuten ihre Lebenssituationen und ihre Aktionen. Manche der Texte nehmen ausdrücklich Partei für die Frauen, besonders dort, wo sie preisgegeben, unterdrückt oder benachteiligt werden wie in den Geschichten von Hagar (Gen 16 und 21) und Tamar (Gen 38).

Gott im Spiegel der Geschichte(n)

Die biblischen Familiengeschichten sind religiöse Erzählungen, sie bilden einen Teil der Heiligen Schriften. Daraus ergeben sich weitere besondere Webfäden: Alle Lebenserfahrungen, von denen in den biblischen Familiengeschichten erzählt wird, ereignen sich „im Angesicht Gottes". Menschen begegnen Gott in alltäglichen Lebenssituationen: in Beziehungen, durch Kinder, im Abschied, in Träumen, in der Liebe, im Gelingen der Arbeit, im Misslingen und in Benachteiligung, in der Angst vor Begegnungen, im Friedenspakt, in der Trauer ... Die Geschichten zeigen, dass die Beziehung zu Gott das

gesamte Leben umfasst, nicht nur das Gebet oder den Kult. In der Familie ist das gesamte Leben gleichsam verdichtet präsent. Dieses Bewusstsein von der Bedeutung der Familie, am gleichen Tisch vor Gott singend und dankend versammelt, ist bei jüdischen Menschen bis heute spürbar an den Sabbatmahlzeiten, am Pascha- und am Laubhüttenfest.
Biblische Familiengeschichten sind erfüllt von Verheißungen, die für Menschen Zukunft eröffnen. Verheißung im biblischen Sinn bedeutet „offene Zukunft". Mit einer Verheißung zu leben, „in Verheißung zu sein", heißt noch im Ungewissen zu sein, nicht viel in der Hand, aber schon einen Geschmack von kommendem erfülltem Leben auf der Zunge zu haben, eine Kraft, die über eng beschränkte eigene Möglichkeiten hinausträgt. Biblische Verheißungen erfüllen sich selten sofort. Sie sind immer gefährdet. Das Volk Israel hat immer wieder erfahren, dass es verheißene Güter wie Land, Fortbestehen als Volk, Segen nicht einfach besitzt, sondern dass sie frei von Gott geschenkt sind. Es gibt keinen Anspruch darauf, aber es gibt die Erfahrung, dass man sich auf die Zusagen Gottes verlassen kann. Die Erzählungen von diesen Erfahrungen helfen immer wieder neu, die Enge der Angst zu weiten. Damit wird Vertrauen ins Leben gefördert, das Kräfte wecken kann, selbst in scheinbar ausweglosen Situationen.
Vor diesem Hintergrund wird auch von Gott geredet; das zeigt sich schon im Gottesnamen „Jahwe". Dieser spezifische Gottesname, im Hebräischen bestehend aus den vier Konsonanten JHWH, ist ein Name und doch auch wieder keiner. So wie er dem Mose am Dornbusch offenbart wird, bedeutet er den je und je gegenwärtig Werdenden, der beim Menschen schon immer da ist, und zwar letztlich als Geheimnis unseres Lebens, unverfügbar. Ein „geregelter Umgang" mit diesem Gott ist nicht möglich. Gott als Geheimnis unseres Lebens spricht als der Unerfassbare, der Überraschende in die jeweilige Situation hinein. So wirkt sich das Ernstnehmen der Situation auch in der Gottesvorstellung aus: Das biblische Reden von Gott ist situationsbezogen. Biblische Texte sind kein zeitloses System von Sätzen über Gott, sondern Erfahrungen von Menschen, die Leben deuten und auch heute von unserem Leben aus gedeutet werden wollen. Im Spiegel der erlebten und tradierten Geschichte zeigt sich der Gott der Bibel.

4 Wann und wie haben die Stammväter und -mütter gelebt?

Wann die Stammväter und -mütter historisch gelebt haben, ist schwer zu sagen: Die Familiengeschichten, wie sie uns heute in der Bibel vorliegen, wurden in der Zeit des babylonischen Exils bzw. in der Zeit kurz nach dem Exil geformt. Sie erzählen jedoch von einer weit zurückliegenden Zeit, lange vor der Bildung des Volkes Israel, lange vor der Gründung eines Staates und damit lange vor relativ gesicherten historischen Daten. Außerdem sind Familiengeschichten an der „großen" Geschichte wenig interessiert und darum chronologisch kaum festzumachen. Deshalb verwundert es nicht, dass die Zeit der Stammväter und -mütter von verschiedenen Gelehrten unterschiedlich zwischen dem 18. und dem 14. Jh. v. Chr. angesetzt wird. In welcher Zeit Menschen wie Abraham, Sara, Hagar, Isaak und Rebekka, Jakob, Lea und Rahel gelebt haben, wird sich wohl nie mit endgültiger Klarheit bestimmen lassen. Doch dass Erinnerungen an sie in der Bibel überhaupt erhalten sind, macht es wahrscheinlich, dass sie zeitlich den ersten israelitischen Stämmen in Kanaan nicht allzu fern gestanden haben. Darum spricht viel für eine Datierung der Stammväter und -mütter ins 14. Jh. v. Chr., sollte es sich tatsächlich um „Erinnerung" und nicht um typisch menschliche Erfahrungen handeln.

Geographisches Umfeld

Schauplatz der Familiengeschichten ist der Vordere Orient, genauer der „fruchtbare Halbmond". Abrahams und Saras Geschichte beginnt in Haran in Mesopotamien und führt sie bis nach Ägypten. Die Mehrzahl der Familiengeschichten spielt sich dazwischen, in Kanaan, ab.

Die Fruchtbarkeit des Zweistromlandes (Mesopotamien) und jene Ägyptens wurde durch die Flüsse garantiert. Die großen Ströme ermöglichten schon sehr früh Ackerbau und eine hohe Kultur. Kennzeichnend für diese Bewässerungsgesellschaften ist, dass eine kleine gesellschaftliche Gruppe die Produktion kontrollierte, die von der großen Bevölkerung geleistet wurde. Die kleine Gruppe schöpfte das Ergebnis ab. In Ägypten entwickelte sich schnell ein Zentralstaat unter einem Pharao. Im Zweistromland bildeten sich mehrere Zentren. Grund und Boden waren meist Eigentum des Königs bzw. des Tempels. Es handelte sich um hochentwickelte und durchorganisierte Beamtenstaaten: vom Minister und Statthalter bis hinunter zum Aufseher. Der Großteil der Bevölkerung lebte als Arbeiter oder halbfreie Sklavinnen und Sklaven.

Die altorientalische Gesellschaft und Wirtschaft waren religiös durchdrungen. Ihre Mythen spiegelten das Selbstverständnis der Menschen wider und hatten eine erklärende und stabilisierende Funktion. Die Gottheiten, die verehrt wurden, waren Gottheiten des Bewässerungssystems, d. h. der Fruchtbarkeit. Der Pharao war der „Sohn Gottes“, er vermittelte Heil, Fruchtbarkeit und Lebensfülle für das ganze Land. Neben dem Kult der kosmischen Götter (Himmel, Sonne, Mond, Sterne...) kreiste das religiöse Denken um Fruchtbarkeit, Leben und Tod.
Zwischen den beiden Bewässerungskulturen Ägyptens und Mesopotamiens vervollständigt das Bergland Kanaans den „fruchtbaren Halbmond“. Dort lebten die Familien der Stammväter und -mütter.
Kanaan ist im Gegensatz zu den Bewässerungsgesellschaften abhängig vom Regen. Sommertrockenheit und Winterregen prägen Klima und Landschaft. Die Orte, an denen sich die Patriarchen auf ihren Wanderungen aufhielten, liegen alle in einer Zone, in der jährlich 250-500 mm Regen fallen. Ackerbau ist hier kaum möglich; Schafe können dagegen gut gehalten werden. Das entspricht dem Bild, das die biblischen Familiengeschichten vom Leben der Stammväter und -mütter entwerfen: Als Kleinviehzüchter zogen sie am Rande des Kulturlandes umher; bei Beerscheba, Hebron, Bet-El und Sichem lebten sie in freundlich-friedlicher Nachbarschaft in der Nähe von Städten.

Lebensweise und Religion

Die Familien der Stammväter und -mütter betrieben Viehzucht, aber auch Ackerbau. Da sie mit ihren Herden zwischen der Winterweide in der Wüste und der Sommerweide am Rande des Kulturlandes pendelten, werden sie auch Halbnomaden genannt. Sie standen also nicht im Gegensatz zu den sesshaften Bauern. Die Übergänge zwischen Bauern und Hirten waren fließend. Ein Gegensatz ist allerdings feststellbar zwischen den kanaanäischen Städten mit ihrer Bevölkerung und den Hirten und Bauern.
Die Großfamilie (Sippe) war die wichtigste Lebens- und Wirtschaftseinheit. In ihr lebte man und erwirtschaftete den Lebensunterhalt. Das Familienoberhaupt (Sippenoberhaupt) hatte auch die Funktion eines Rechtsprechers. Das Sippenoberhaupt entschied als Richter über Streitigkeiten unter den Familienmitgliedern und wirkte als Priester im Rahmen der im Familienkreis gefeierten Gottesdienste.
Typisch für die Religion zur Zeit der Stammväter und -mütter sind die Gottesbezeichnungen im Buch Genesis. Gott gilt als Gott des Vaters bzw. des Vorvaters: „Gott meines Vaters“, „Gott eures Vaters“ (Gen 31,5.42;

49,25) oder „Gott Abrahams“, „Gott Nahors" (Gen 31,53) oder „Schrecken Isaaks" (Gen 31,42). Diese Namen zeigen zum einen den patriarchalen Charakter der Gesellschaft auf. Sie zeigen darüber hinaus aber auch die enge Verbindung der Familien und Stämme zu „ihrem" Gott über die Person des Oberhauptes, der die Familie bzw. den Stamm verkörpert. Die jeweilige Familie lebte in einer besonderen Vertrauensbeziehung zu „ihrem" Gott, der ihr vor allem in ihren konkreten Sorgen und Freuden begegnet. Sie erkannte Gottes Sorge für sie, wenn Kinder in Not gerettet wurden (Gen 21,16-19) oder wenn er einen seiner Verehrer vom Kinderopfer abhielt (Gen 22). Gott rettete vor sexuellen Übergriffen (Gen 12,10-20) oder schenkte kinderlosen Frauen Nachwuchs (Gen 18,10.14; 20,20). Die Verheißung eines Sohnes traf ein vitales Lebensinteresse der Familien. Kinder waren wirtschaftlich als Arbeitskräfte für das Überleben der Sippe lebensnotwendig; sie sicherten auch die Altersversorgung der Eltern und sorgten für deren würdiges Begräbnis. Bei Kinderlosigkeit war die Existenz der Familie bedroht. Gott erwies sich gerade in dieser lebensbedrohlichen Situation als Retter.
Die Familien waren häufig mit ihren Herden unterwegs und dabei besonderen Gefahren ausgesetzt. Auch in solchen Notsituationen erwies sich Gott als „ihr Gott“: Er war mit ihnen auf dem Weg, war ihnen nahe, begleitete und schützte sie (Gen 28,20; 31,5.42). Als Zeichen der Gottesnähe wurden Steine, Brunnen oder Bäume gekennzeichnet. Aus dieser Heiligung bestimmter Orte resultierten keine aufwändigen Kulte.
Schutz und Hilfe erfuhren die Familien auch bei Streitigkeiten untereinander und mit Stadtstaaten. Die Streitigkeiten wurden auffallend unkriegerisch ausgetragen. Es ist viel öfter die Rede von Kompromissen und Vereinbarungen zum gegenseitigen Nutzen.

5 Literarische Formen der Familiengeschichten

Die Familiengeschichten lassen sich insgesamt der Gattung Sage zuordnen. Innerhalb dieser Familiensagen allerdings finden sich weitere literarische Gattungen wie Ursprungslegenden (Ätiologien), Stammbäume, Verheißungen, Wandererzählungen, Bundeserzählungen und andere.

Familiensagen

Eine Sage ist eine ursprünglich mündlich überlieferte Erzählung, die von bedeutsamen Gestalten der Geschichte handelt. Damit unterscheidet sie sich von Mythen, die in erster Linie Göttergeschichten in einer vor aller Geschichte liegenden Zeit erzählen. Die Sage hat einen historischen Kern, spielt an einem bestimmten Ort und zu einer bestimmten, wenn auch nicht genau datierbaren Zeit. Das unterscheidet sie von der Geschichtsschreibung. Die biblischen Familiengeschichten sind in diesem Sinne Familiensagen. Sie haben einen historischen Kern und überliefern Erinnerungen aus der vorstaatlichen Zeit Israels. Ob es sich bei den Gestalten von denen hier erzählt wird, tatsächlich um historische Einzelpersönlichkeiten gehandelt hat, können wir heute nicht mehr wissen. Die Heldinnen und Helden der Familiensagen verkörpern jedenfalls Erfahrungen, die für alle Angehörigen der Sippe oder der Stammes von besonderer Bedeutung waren. Deshalb wurde von ihnen erzählt.

Ursprungslegenden (Ätiologien)

Oft werden Erzählungen angeregt durch auffällige Eigenheiten einer Landschaft (z. B. ein Felsen) oder in der Sprache (z. B. ein eigenartiger Name). Die meisten dieser Erzählungen erklären die eine oder andere Merkwürdigkeit und verbinden sie mit einem moralischen Hinweis. Das gibt es in allen Kulturen, und zwar weit über die Bibel hinaus.
In den Familiensagen finden sich viele Ätiologien. So soll z. B. in Gen 19,24-28 erklärt werden, warum die Landschaft am Toten Meer kein Kulturland, sondern absolut unwirtlich und tödlich für jedes menschliche Leben ist. Die merkwürdig bizarren Felsgebilde am Toten Meer, in denen sich leicht Menschengestalten erblicken lassen, führten zur Erzählung von „Lots Frau".
Daneben gibt es auch Heiligtumsätiologien oder -legenden. Sie erklären, warum bestimmte Orte als heilig gelten. Der wallfahrende Mensch sollte erfahren, wie es zur Gründung eines bestimmten Heiligtums gekommen war. So wird in der Erzählung von Jakobs Traum von der Himmelsleiter

(Gen 28,10-22) erklärt, welche Gotteserfahrung am Anfang dieses Ortes gestanden hat bzw. wie Bet-El zu seinem Heiligtum gekommen ist. Die erste dieser Heiligtumsätiologien in der Bibel findet sich übrigens in Gen 16 und ist mit Hagar verbunden.

Stammbäume

In den Familiensagen finden wir eine Reihe von Stammbäumen. Sie werden oft erzählerisch weit ausgestaltet mit Sagenstoffen und Einzelüberlieferungen, die sich über Jahrhunderte angesammelt haben. Am bekanntesten ist die Geschlechterfolge Abraham-Isaak-Jakob-Jakobssöhne. Im Vorderen Orient dient die Überlieferung solcher Stammbäume oder Geschlechterfolgen dazu, politische Einheiten oder geschichtlich gewachsene Einheiten zu begründen. Herkunftsmäßig verschiedene (aber ethnisch verwandte) Gruppen werden als von Anfang an „verwandt" geschildert. Solche Stammbäume spielen heute noch in Arabien eine wichtige Rolle. Beduinen der arabischen Wüste sind bestrebt, das Gesamt der Beduinenstämme in ein Verwandtschaftsverhältnis zu bringen. Und über diesen gemeinsamen Stammbaum werden dann Ferne und Nähe der Beziehung definiert. Das gilt auch für die zentrale biblische Geschlechterfolge. Liest man den Stammbaum in der oben geschilderten Weise, bringt er zum Ausdruck, dass dieses Volk ursprünglich aus vielen verschiedenen, aber ethnisch verwandten Gruppen entstanden ist. Diese Gruppen, Sippen und Stämme sind wahrscheinlich gleichzeitig aus der syrisch-arabischen Wüste in den fruchtbaren Halbmond eingewandert und haben versucht, in Kanaan sesshaft zu werden. In diesem Raum sind sie dann auch mehr und mehr zusammengewachsen. Im Rückblick auf die Anfänge wird die historisch gewachsene Einheit in eine Geschlechterfolge gebracht, was zur Festigung des Zusammenhangs beiträgt.

Interesse an der Entstehungsgeschichte der Familiengeschichten zeigt in der Regel nur eine kleine Gruppe von Fachgelehrten. Sie heben oft mit großem Eifer verschiedene Bearbeitungsschichten voneinander ab. Gerade beim Erzählen aber liegt es näher, die Geschichte als Einheit wahrzunehmen, einen durchgehenden roten Faden oder die eine zentrale Botschaft zu erkennen. Ungereimtheiten oder gar Widersprüche in einer Geschichte wirken für Erzählende wie Zuhörende verwirrend. Das wird noch gesteigert, wenn von der gleichen Grundgeschichte weitere Versionen mit Variationen in Umlauf sind. In den biblischen Familiengeschichten kommt das mehrfach vor, etwa bei der Erzählung von der Preisgabe der Ehefrau, die zweimal von Abraham (Gen 12 und 20) und einmal von Isaak (Gen 26) erzählt wird, aber auch bei der Geschichte von Abraham, Sara und Hagar, die in zwei Versionen vorliegt (Gen 16 und 21). Solche Doppelungen, Ungereimtheiten und Mehrdeutigkeiten, solche nicht völlig vernähten Fäden, machen gerade die Eigenart vieler biblischer Texte aus. Die Schlussredakteure und –redakteurinnen der Bibel haben das wohl bewusst so gestaltet, sie wollten die biblische Überlieferung gerade nicht auf eine einzige Lesart reduzieren. Das macht uns die lebendige und konfliktreiche Geschichte der Texte zugänglich und bindet uns in diese Geschichte, die weitergeht, ein. Sie zeugt davon, dass die große Erzählung von der Beziehung zwischen Menschen und dem biblischen Gott grundsätzlich offen und unabschließbar bleibt.

Die ältesten Elemente

Wenn wir nach den ältesten Elementen in den Familiengeschichten fragen, stoßen wir unweigerlich auf die *Personennamen*: Abraham, Isaak, Jakob, Lea, Rahel, Rebekka sind Namen, die zu der Zeit, als Israel bereits ein Volk war, längst nicht mehr im Gebrauch waren. Allerdings passen diese Namen gut in die Welt der Wanderhirten: Rahel z. B. heißt „Mutterschaf", Lea bedeutet „Kuh". Die Namen aus der Zeit der Stammväter und -mütter haben den langen Überlieferungsprozess also weitgehend unverändert überdauert.

Auch *Ortsnamen* sind jahrhundertelang unverändert überliefert worden. In den biblischen Familiensagen ist die Erinnerung an die Orte, welche die Stammväter und -mütter auf ihren Wanderungen berührten, zutreffend überliefert: Bet-El („Haus Gottes"), Penuel („Angesicht Gottes"), Sichem, Beerscheba, Hebron.

Auffällig ist, dass sowohl Ortsnamen wie manche *Themen* der Überlieferung auf besondere Weise je einem Stamm zugeordnet sind, der durch das Stammesoberhaupt personifiziert wird:
Die Abrahamüberlieferungen sind z. B. in der Südwüste, im Negeb zu Hause, außerdem bei Hebron und Beerscheba. Im Zentrum der Überlieferungen steht die Gefährdung der Nachkommenschaft. Wird die Nachkommenverheißung wirklich wahr?
Die Jakobssagen spielen auf den Etappen des Weges vom Ost- ins Westjordanland, z. B. in Sichem. Sie handeln von Streit und Versöhnung in der Familie. Der väterliche Segen, die hier eine so wichtige Rolle spielt, ist in den Abrahamüberlieferungen hingegen gar kein Thema.
Die Isaaküberlieferungen wiederum unterscheiden sich thematisch charakteristisch von den beiden anderen Stammessagen: Bei Isaak geht es z. B. viel um Brunnengrabung und Brunnenstreit. Wenn man weiß, dass die Technik des Brunnenbaus mit Beginn der Eisenzeit (13. Jh. v. Chr.) verfeinert wurde, sieht man, wie dieses Thema geschichtliche Erinnerungen widerspiegelt.
Daraus lassen sich zwei Folgerungen für die Entstehung der Familiengeschichten ziehen:
1. Die Überlieferungen um die Stammväter Abraham, Isaak und Jakob existierten einmal unabhängig voneinander und waren in je anderen Gruppen beheimatet: Von ihrem Vater Jakob, der auch Israel genannt wurde, erzählten sich Gruppen, die um Sichem heimisch waren, um Hebron lebten Menschen, die Überlieferungen vom Stammvater Abraham und seiner Familie besaßen, und noch weiter südlich siedelten Sippen, die sich auf Isaak zurückführten.
2. Um die Figuren rankten sich ursprünglich voneinander getrennte Erzählungen, die dann zu so genannten Erzählkränzen zusammengefügt wurden. Dadurch bildeten die verschiedenen Stämme ihre jeweilige Stammesidentität aus. Erst zu einer viel späteren Zeit, als aus den verschiedenen Stämmen bereits ein gemeinsames Volk geworden war, wurden diese Erzählkränze zusammengefügt. Die Verbindung geschah u. a. durch die Bildung von Stammbäumen, welche die „Generationen" erzählerisch miteinander verbanden (s. o. S. 22).
Wie man sich die Entstehungsgeschichte dieser Texte nun im Detail vorstellen muss, ist in der Exegese sehr umstritten und soll uns hier auch nicht weiter interessieren. Für die hier vorgestellten Bibelarbeiten und das Erzählen der Geschichten wird meist vom heute vorliegenden „Endtext" ausgegangen.

Die Bedeutung der Familiengeschichten im Exil

Mit der Eroberung Jerusalems durch das babylonische Großreich, der Zerstörung des Tempels, der Deportation weiter Teile der Oberschicht nach Babylon und der Auslöschung des davidischen Königshauses (zwischen 597 und 586 v. Chr.) zerbrachen die wichtigsten politischen und religiösen Grundlagen des Volkes Israel:

- Das Zusammenleben in einem eigenen Staat im Land, das von Gott verheißen war
- Das davidische Königtum, dem Gott doch ewigen Bestand verheißen hatte (z. B. 2 Sam 7,16)
- Die Vorstellung von Jerusalem (Zion) als Gottesstadt (z. B. Ps 46,5-6)
- Die Überzeugung, dass im Jerusalemer Tempel Gott Wohnsitz genommen hat (z. B. 1Kön 8,13
- Der Glaube an den Gott Israels als einen starken Gott, mächtiger als die Götter der anderen Völker (z. B. 2 Sam 7,26)

Nach der Katastrophe des Exils stellten sich grundlegende Fragen: Wer sind wir eigentlich als Volk? Was verbindet uns und unterscheidet uns von anderen? Was macht unseren Glauben aus? An welchen Gott können wir noch glauben?

Die jüdische Geschichte mit Gott ging im Exil nicht zu Ende, im Gegenteil. Die Exilserfahrung brachte eine intensive Auseinandersetzung mit der eigenen Geschichte und Theologie. Die Tora, die fünf Bücher Mose und Prophetenschriften wie Jesaja, Jeremia und Ezechiel erhielten jetzt ihre heutige Gestalt. Das Judentum wurde zum Volk des Buches. Die Schrift war jetzt das einigende Band, nicht mehr Land oder König oder Tempel. Gott wurde neu gedacht als einziger, alles bestimmender Gott, als Schöpfer der Welt. Der Monotheismus begann sich durchzusetzen. Das stiftete neuen Sinn angesichts der zerbrochenen früheren Überzeugungen.

Neue Verwurzelung in der Familie

Nachdem der Staat, das Königtum, der Tempel als gemeinschafts- und identitätsstiftende Größen zerstört waren, wurde für viele die Familie, der Verband der Verwandten zur wichtigsten Form des Zusammenlebens und des gemeinsamen Glaubens. Im Exil und danach wurde der jüdische Glaube eng an das Familienleben angebunden, durch Feste und Rituale, die bis heute gelebt werden (Beschneidung, Speisebräuche, Familienliturgien wie Sabbat und Pascha ...).

Und so wurden auch alte Geschichten wieder wichtig, die aus der Zeit vor der Staatsgründung stammten, Erinnerungen an die Stammväter und Stammmütter. Die alten Familiengeschichten wurden erinnert, gesammelt, überarbeitet, neu zusammengefügt, weiter erzählt und verändert. Die Erfahrung Gottes im alltäglichen Leben der Familien in der Zeit der Halbnomaden vor der Staatsgründung wurde zum tragenden Grund für die entwurzelten Familien nach der Katastrophe des Exils. Jetzt wurden die Geschichten von Abraham, Sara und Hagar, Isaak und Rebekka, Jakob, Lea und Rahel aufgeschrieben und miteinander verbunden. Damit verwurzelte sich das Volk im Exil in der eigenen Herkunftsgeschichte. Das Leitmotiv dabei war, der Verheißung treu zu bleiben, trotz aller Zweifel, Brüche und Verirrungen. Abraham und Sara wurden zu den wichtigsten Identifikationsfiguren: wandernde Fremdlinge, vom Segen Gottes begleitet, mit denen Gott einen unkündbaren Bund geschlossen hat, denen in Isaak eine Zukunft eröffnet wird, als es nach menschlichem Ermessen keine mehr geben kann, die mit dem Verlust des verheißenen Kindes konfrontiert sind und auch in dunkelsten Erfahrungen nach Gottes Anwesenheit suchen ...

II. Teil

Methodische Einführung

1 Freies mündliches Erzählen – ein Faden, der weiter gesponnen wird

Aus lang verschwundener Völker Liedern her
klingt oft ein Ton verwandt uns bis ins Herz,
dass wir betroffen und mit halbem Schmerz
hinüberlauschen, ob dort Heimat wär.
Hermann Hesse

Warum erzählen?

Anlässlich einer Tagung begegnete ich unvergesslich der lebendig erzählten Geschichte der Rut: Die Erzählerin, im reich bestickten Kleid einer Beduinin, saß auf einem Heuballen und erzählte. Und wie sie erzählte! Mit einfachen Sätzen nahm sie die Zuhörenden hinein in die erzählte Geschichte und die erzählte Zeit. Wir befanden uns nicht mehr in diesem ungemütlichen Saal, sondern waren auf dem Weg, gingen durchs Ährenfeld. Wir waren Rut, Noemi, Boas, Nachbarinnen. Selbst die Möbel im Raum schienen den Atem anzuhalten.
Das Erzählen ist wohl die älteste Methode der Menschheit um Vergangenes lebendig zu halten, Gemeinschaft und Identität zu stiften, um zu bewahren. In den für dieses Buch ausgewählten Texten aus dem Ersten Testament wird erzählt: von Abraham und Sara, die lange auf den versprochenen Sohn warten müssen; von Hagar, der Leihmutter, die davonläuft, eine Quelle findet und gestärkt zurückkehrt; von einem Vater, der bereit ist, den Sohn zu opfern; von Liebe und Brautwerbung; von Jakob, der seinen Bruder austrickst und schließlich zu Israel wird. Auch im Neuen Testament kommt dem Erzählen eine besondere Rolle zu. Jesus erzählt Gleichnisse, kleine Geschichten in Bildern, an den alltäglichen Orten der Menschen und in ihren Alltag hinein. Er formuliert keine Lehrsätze mit dem moralischen Zeigefinger. Ganz in der Tradition orientalischer ErzählerInnen setzt er auf die Wirkkraft der Erzählung. *Wer Ohren hat zu hören, höre.*
Welche Methode der Vermittlung also wäre wohl geeigneter und den biblischen Erzählungen in diesem Buch entsprechender, als das Erzählen selbst? Wurden sie doch wieder und wieder erzählt – in Zelten, an Nachtfeuern, auf den Märkten, bei Ritualen und Festen – lange bevor diese Familiensagen systematisch aufgeschrieben wurden. Sie waren Identifikations- und „Lebens"-mittel – ein Überlieferungsfluss von Generation zu Generation, ein Faden, an dem vielleicht seit Anbeginn der

Menschheit gesponnen wurde. Erzählen verhindert, dass dieser Faden abreißt. Er verknüpft sich vielmehr mit dem Lebensfaden der Hörenden. Und das darf durchaus unterhaltsam sein: *Unterhaltung* im ursprünglichen Sinne hat mit *halten, erhalten* zu tun. Den Unterhalt verdienen, erhält am Leben.

„Fest der Erzählung, du bist des Lebensgeheimnisses Feierkleid, denn du stellst Zeitlosigkeit her für des Volkes Sinne und beschwörst den Mythus, dass er sich abspiele in genauer Gegenwart!", heißt es im Roman „Joseph und seine Brüder" von Thomas Mann.

Sehr anschaulich kann man die Funktion biblischen Erzählens als Gast bei einem jüdischen Paschamahl erleben. Da fragt das jüngste Familienmitglied: „Warum ist diese Nacht anders als alle anderen Nächte?" Und dann wird erzählt: „Einst (vor langer Zeit) waren wir Sklaven in Ägypten ...". Es sind die alten Erzählungen, die dem jüdischen Volk Kraft zum Überleben gegeben haben. Doch auch im Christentum gibt es diese Erzählungen. Denken wir nur an unsere Weihnachtsgeschichte nach Lukas: ein heilsgeschichtlicher Faden bis heute. Jahr für Jahr erzählt, gehört und be*wahrt*, wird sie immer wieder wahr und kann uns immer wieder neu und anders treffen.

Natürlich ist die Bibel nicht nur eine Sammlung von Volkserzählungen, Sippengeschichten, Legenden und Sagen, Gleichnissen oder Wundererzählungen. Es finden sich darin auch Texte, die sich nicht einfach erzählen lassen: Stammbäume, Listen, Briefe, liturgische Anweisungen oder Gedichte. Die Bibel ist aber auch kein Sach- und Fachbuch, das nur informieren will und die innere Welt, das Gefühlsleben dabei ausspart. In der Gesamtschau ist sie in weiten Teilen doch ein Erzählbuch. Und darum gibt es gute Gründe zu erzählen.

In dem lesenswerten Büchlein „Du sollst nicht belehren" werden einige Besonderheiten der Erzählungen genannt:

- Sie sind lebensnah, lebensvoll, aus dem Leben gegriffen, und darum sprechen sie uns unmittelbar an.
- Sie operieren mit Bildern, weniger mit Aussagen, man kann sie daher leicht aufnehmen und im Kopf – oder vielleicht besser: im Herzen – behalten.
- Sie sind offen. Sie predigen nicht, sie belehren nicht. Sie laden ein zu eigenem Nachdenken. Jeder Zuhörer kann in ihnen etwas ganz Persönliches finden und entdecken.[1]

Ist nicht gerade das eigene Nach-Sinnen auch das Subversive an den Geschichten? Dass die Bibel Geschichten erzählt, ist für SENNHAUSER

---

[1] SENNHAUSER, S. 20

Ausdruck eines urdemokratischen Prinzips, das sowohl die Geschichte als auch den Zuhörenden ernst nimmt und ihnen etwas zutraut.
Das *mündliche* Erzählen erhält seine besondere Kraft und Qualität aus dem *gesprochenen* Wort, das eine größere Ausstrahlung als das *geschriebene* hat. „Es ist durchatmet und lebendig, berührt uns, ist unmittelbar und ursprünglich. Sobald etwas niedergeschrieben wird, ist es zum Zeichen reduziert, vergleichbar einer Note auf dem Notenblatt. Zwar können Verstand und Gemüt solche Zeichen lesen und verstehen, aber wirklich lebendig werden sie erst, wenn wir sie sinnenhaft werden lassen ... seine volle Wirksamkeit entfaltet es erst, wenn es von Mensch zu Mensch ausgesprochen wird"[2]. Wie die Note den Interpreten, die Sängerin braucht, um zu klingen, braucht das geschriebene Wort den Menschen, der es ausspricht, und den Menschen, der es hört.

Erzählen im Alltag

Alltägliches Erzählen kommt aus der Erinnerung. Ich schaue zurück auf freudige oder traurige Ereignisse in meinem Leben. Diese Erinnerung möchte ich mit den ZuhörerInnen teilen. Aber nicht nur die eigenen Erlebnisse sind es, die zum Erzählen reizen, sondern auch das, was wir gehört oder gelesen haben, die Erzählungen unserer Vorfahren.
Indem ich am fremden Schicksal einer konkreten Person teilnehme und mir ihre Hoffnungen und Enttäuschungen, ihr Mut und ihre Wut, Freude und Leid nahe kommen, „kommt etwas von meiner Existenz zum Vorschein, ich bekomme einen Spiegel vorgehalten ... geht mir etwas von meinem eigenen Dasein auf."[3]
Mit solchem Erzählen „reihen wir uns in eine lange Kette der Erzähler ein, die nicht den Ehrgeiz hatten, Nie-Gehörtes mitzuteilen, sondern dienend einen alten Erzählstrang weiterzuspinnen."[4]
Wie sind Ihre eigenen Erfahrungen mit dem Erzählen? Wann haben Sie in jüngster Zeit zu jemandem gesagt: „Du, ich muss dir was erzählen!"? War es ein Stück *Lebens*geschichte, eine *Alltag*sgeschichte, eine *Erfolgs*story, eine *Klatsch*geschichte, eine *Wut*- oder eine *Mut*geschichte, eine *Rettungs*geschichte? Haben Sie von einer *wunder*baren Begegnung oder einer *unglaub*lichen Begebenheit erzählt, war es zum *Lachen* oder zum *Weinen*? Alle diese Begriffe sind auch Merkmale von biblischen Geschichten, die aus dem Lebensalltag kommen. Und was hat das Erzählen

---

[2] OEHLMANN, S. 12
[3] BETZ Otto, Märchen, S. 32
[4] BETZ Otto, a.a.O., S. 37

be*wirkt*: hat sich etwas gelöst, geklärt, entspannt, fiel ein Stein vom Herzen? Hatten Sie das Glück, auf gute ZuhörerInnen zu treffen?
In unserer so genannten Informations- und Kommunikationsgesellschaft wird uns suggeriert, dass alles effektiv und rationell geschehen muss. Selbst Mußestunden werden geplant. Die Kommunikationswege werden immer kürzer. Pausenlos wird „kommuniziert". Das hat Auswirkungen auch in unserem privaten und religiösen Leben. Erzählen, das Zeit braucht, ist weitgehend aus der Übung geraten. Wir haben es weitgehend an die „Profis" von Film und Theater delegiert. Sollte deshalb das Erzählen Vergangenheit sein, weil Menschen weniger Zeit haben, und sollte das entspannende, dichte, Gemeinschaft stiftende „Weißt du noch?", „Es war einmal ...", „In jenen Tagen ..." wegfallen, weil die Übermittlungswege andere, schnellere geworden sind, weil wir alles technisch konservieren können? Sollen SMS per Handy, der Chat-Room im Internet, DVDs und daily soaps im Fernsehen die einzige „Unterhaltung" sein? *Was wäre das für eine Welt, wenn die Wirklichkeit, diese Wirklichkeit um uns, auch die Wahrheit wäre?* (E. Fried)
Dieses Buch lädt dazu ein, das Erzählen wieder bewusst zu pflegen, nach Erzählgelegenheiten und Erzählorten Ausschau zu halten, wo erzählt und be*wahrt* wird: Familientreffen, Geburtstage, Reisen, der liturgische Bereich u. s. w.

Nur für Kinder?

Erinnern Sie sich an die Erzählungen aus der Kindheit? Was waren das für Geschichten? Wann und wo wurden sie erzählt? Und wer hat Ihnen diese Geschichten erzählt? Spontan werden wohl viele antworten: Das waren Märchen und/oder biblische Geschichten. Diese wurden im Kindergarten, in der Primarschule, in der Sonntagsschule erzählt oder – den Glücklichen unter uns – von Eltern und Großeltern.
Den biblischen Erzählungen der Kindheit begegnen viele Ältere nur noch in der Kirche. Dass aber biblische Geschichten wie auch Märchen häufig mit Kindheitserinnerungen verbunden werden, hat bedauerlicherweise dazu geführt, dass viele sie immer noch für Kindergeschichten halten. Der Reichtum der ursprünglich für Erwachsene in Erwachsenenkreisen erzählten Geschichten ging dabei verloren. Damit haben wir uns um einen großen Schatz gebracht. Das heißt nicht, dass man viele dieser Texte nicht auch Kindern erzählen könnte und sollte. Sie haben (sofern sie nicht ver-bildet werden) einen unproblematischen, unverstellten und oftmals besseren Zugang zur Symbolsprache dieser Geschichten als Erwachsene.

Ein Schlüssel zu den Märchen

Was die (ältere?) Schwester der biblischen Erzählungen, das Märchen, betrifft, so ist in jüngster Zeit geradezu eine Renaissance festzustellen: an unzähligen Orten gibt es Erzählanlässe für Erwachsene, Erzählkreise, Erzählnächte. Professionell ausgebildete und freie ErzählerInnen sind gefragt wie nie. Die Veranstaltungen und Kongresse der Schweizerischen Märchengesellschaft und der Europäischen Märchengesellschaft zählen Hunderte von BesucherInnen. Die Seminare sind stets ausgebucht. Während der Arbeit an diesem Buch flattern uns Einladungen zu verschiedenen Erzählanlässen ins Haus: Geschichten-Erzähler-Abend an einem Gaukler-Festival, ein märchenhafter Abend am Zürichsee, das jüdische Lehrhaus lädt zu seinem Jubiläum Erzählforscherinnen und Märchenerzählerinnen ein, und an der religionspädagogischen Phänomena gibt es u. a. einen Tausch von Erzählperlen aus dem Leben und Erzählungen aus den Schatztruhen der Religionen. Es besteht also offensichtlich ein großes Bedürfnis nach Geschichten und dem mündlichen Erzählen in unserer medial vernetzten Zeit mit ihren SMS und buzzwords, ein Bedürfnis nach Erzählzeit und Erzählgemeinschaft.

Der goldene Schlüssel
Zur Winterszeit, als einmal ein tiefer Schnee lag, musste ein armer Junge hinausgehen und Holz auf einem Schlitten holen. Wie er es nun zusammengesucht und aufgeladen hatte, wollte er, weil er so erfroren war, noch nicht nach Hause gehen, sondern erst Feuer anmachen und sich ein bisschen wärmen. Da scharrte er den Schnee weg, und wie er so den Erdboden aufräumte, fand er einen kleinen goldenen Schlüssel. Nun glaubte er, wo der Schlüssel wäre, müsste auch das Schloss dazu sein, grub in der Erde und fand ein eisernes Kästchen. „Wenn der Schlüssel nur passt", dachte er, „es sind gewiss kostbare Sachen in dem Kästchen. Er suchte, aber es war kein Schlüsselloch da, endlich entdeckte er eins, aber so klein, dass man es kaum sehen konnte. Er probierte, und der Schlüssel passte glücklich. Da drehte er einmal herum, und nun müssen wir warten, bis er vollends aufgeschlossen und den Deckel aufgemacht hat, dann werden wir erfahren, was für wunderbare Sachen in dem Kästchen lagen.[5]

Viele von uns Erwachsenen haben den Schlüssel zur Schatztruhe mit den alten Erzählungen und ihren Weisheiten verloren. Es lohnt sich, ihr Geheimnis zu lüften, d. h. sie zu erschließen und zu ent-schlüsseln.

---

[5] GRIMM, Kinder- und Hausmärchen 200

Geschichten als Weggeleit

Was haben die alten Märchen und biblische Erzählungen mit uns zu tun? Vordergründig gar nichts. Die wenigsten von uns suchen Feuerholz im Wald oder hüten Schafe. Wir leben nicht in Zelten in der Wüste, müssen nicht täglich Wasser vom weit entfernten Brunnen holen, kein Engel spricht uns direkt an ... Auf der Bild- und Symbolebene sieht es jedoch etwas anders aus. In unserer Alltagssprache benutzen wir ganz selbstverständlich Bilder: Wir „verlieren den Kopf", sehen „einen Berg vor uns", sind „versteinert", „schöpfen" Kraft aus unseren „Quellen" oder sind „erschöpft". Und alle verstehen die Wörter in ihrer Mehrdeutigkeit.

Am Anfang vieler Erzählungen steht eine Notlage, jemand macht sich auf den Weg ins Unbekannte, eine Prüfung ist zu bestehen. Auch wir sprechen vom Lebensweg, kennen Notsituationen, Ausweglosigkeit, Abwege, Irrwege, erinnern uns an hilfreiche Begleiter/innen ..., und wir haben alle schon etwas erlebt, was sich in der Rückschau als „heil"sam erwiesen hat. Davon erzählen wir – und davon erzählen die Märchen wie die Geschichten der Bibel.

Bildersprache und Symbolik von Märchen und biblischen Geschichten sind universal, wurden vor Urzeiten ebenso verstanden wie heute: z. B. Wasser, Brunnen, Feuer, Baum, König, Hirte, Weg, Garten, Taube, Berg, Salz. Nach FROMM ist die Symbolsprache die einzige universale Sprache, welche die Menschheit je entwickelt hat und die für alle Kulturen im Verlauf der Geschichte die gleiche ist. Es ist eine Sprache, sozusagen mit eigener Grammatik und Syntax, die man verstehen muss, wenn man die Bedeutung von Mythen, Märchen und Träumen verstehen will.

Was ist ein Symbol? Das griechische Wort *symbolon* meint ein Erkennungszeichen zwischen Gastfreunden. In Griechenland wurde beim Abschied ein Ring o. ä. zerbrochen und eine Hälfte dem Scheidenden mitgegeben; die andere Hälfte blieb im Haus. Bei einer späteren Einkehr in dieses Haus wurden im (rituellen) „Zusammenfügen" (*symballein*) beider Teile Wiederkennen und Zusammengehörigkeit erfahren.

Die Begegnung mit den Symbolen einer biblischen Erzählung ist vergleichbar mit diesem Unterwegssein und Heimkommen: Symbole wollen nicht intellektuell gedeutet, sondern innerlich bewahrt werden, bis sie sich uns eines Tages *zu erkennen geben*, vielleicht als Antwort auf eine Frage, die uns bewegt. Plötzlich passt ein Bild aus einer Erzählung genau zu meinem Problem und erhellt den Lösungsweg. „Fast ist es so, als hätten wir die Lösung in dieser Stimmigkeit immer schon in uns getragen, als sei alles nicht nur Erkennen, sondern Wiedererkennen."[6]

Biblische Geschichten, Märchen und Sagen

„Erzähl mir kein Märchen“, sagen wir, wenn wir dem Gehörten misstrauen und die Wahrheit anzweifeln. Und wer wäre nicht schon der Aussage begegnet: „In der Bibel stehen doch nur fromme Märchen“, oder: „Ich interessiere mich nur für das, was 'wahr' und 'wirklich passiert' ist“. Unsere alten Geschichten erscheinen unzeitgemäß, langweilig, farblos, angestaubt. Dazu ein kleines jüdisches Märchen:[7]

Die Wahrheit ging durch die Straßen, ganz nackt, wie am Tage ihrer Geburt. Kein Mensch wollte sie in sein Haus einlassen. Jeder, der sie traf, flüchtete voller Angst vor ihr.
Eines Tages ging die Wahrheit wieder in Gedanken versunken durch die Straße. Sie war sehr betrübt und verbittert. Da begegnete sie dem Märchen. Das Märchen war geschmückt mit herrlichen, prächtigen und vielfarbigen Kleidern, die jedes Auge und jedes Herz entzückten. Da fragte das Märchen die Wahrheit: „Sage mir, geehrte Freundin, warum bist du so bedrückt und drehst dich auf den Straßen so betrübt herum?" Da antwortete ihm die Wahrheit: „Es geht mir schlecht, ich bin alt und betagt, und kein Mensch will mich kennen."
Hierauf erwiderte das Märchen: „Nicht weil du alt bist, lieben dich die Menschen nicht. Auch ich bin sehr alt, und je älter ich werde, desto mehr lieben mich die Menschen. Siehe, ich will dir das Geheimnis der Menschen enthüllen: Sie lieben es, dass jeder geschmückt ist und sich ein wenig bekleidet. Ich werde dir solche Kleider borgen, mit denen ich angezogen bin, und du wirst sehen, dass die Leute auch dich lieben werden."
Die Wahrheit befolgte diesen Rat und schmückte sich mit den Kleidern des Märchens. Seit damals gehen Wahrheit und Märchen zusammen, und beide sind bei den Menschen beliebt.

Was ist denn nun eigentlich ein Märchen? Dürfen Märchen überhaupt in einem Atemzug mit biblischen Erzählungen genannt werden? Und wie unterscheiden sich Sagen davon?
Das Wort „Märchen" „ist eine Verkleinerungsform von 'Mär' (...) und bedeutet ursprünglich Kunde, Bericht, Erzählung. Noch im Althochdeutschen (...) kann 'mari' die gewiss für wahr gehaltene biblische Ge-

[6] OEHLMANN, S. 163
[7] aus: KANNER Zwi (Hg.), Neue Jüdische Märchen, Frankfurt 1983

schichte, das Evangelium bedeuten."[8] So kennen wir das Evangelium als „gute neue Mär" aus Martin Luthers Weihnachtslied „Vom Himmel hoch". Für den Theologen GUNKEL „sind (in der Bibel) ursprüngliche Märchenmotive zu Symbolen der höheren Religion geworden." „Ein adventlicher Vorhof der Offenbarung", so nennt ein anderer die Märchen. Und NOVALIS beobachtet: „Höchst sonderbar ist die Ähnlichkeit unserer heiligen Geschichten mit Märchen."[9]

Die *Sage* ist im Gegensatz zum Märchen eine überlieferte Erzählung, die von großen Gestalten der Geschichte handelt. Sie hat einen historischen Kern, spielt in einer bestimmten Zeit und an einem bestimmten Ort (z. B. Jeanne d'Arc, Wilhelm Tell, Robin Hood, Odysseus).

In der reichhaltigen Literatur zum Stichwort Erzählen sind Objekte heutiger Erzählforschung meist Märchen, Volkserzählungen oder Sagen. Gelegentlich wird auch nach dem Religiösen im Märchen gefragt (z. B. BETZ, O., KNOCH, DICKERHOFF).

Vieles, was in der Märchen- und Erzählforschung erarbeitet wurde, ließe sich auch auf biblische Geschichten übertragen. Auffallend oft wird von vergleichbaren Grundfragen und -erfahrungen der Menschen ausgegangen. In einer universalen Bildsprache wird jeweils erzählt, was für die Vergangenheit bedeutend und „wahr" ist, wird die Gegenwart erklärt und für die Zukunft Orientierung gegeben. Auffallend häufig begegnen wir z. B. dem Wegmotiv in Märchen und Bibel. Beiden gemeinsam ist, dass das Dunkle, die Probleme und Krisen nicht ausgeblendet werden. Wir erfahren: „der Weg hört nicht bei der Krise auf, es geht um Durchgänge, Übergänge, Wegetappen die existentiell zum Ganzen gehören. Das gute Ende ist nur zu begreifen, weil vorher – aktiv tätig oder passiv aushaltend – das Bedrängende bewältigt wurde".[10]

Ohne die Verwandtschaft überbetonen zu wollen: Biblische Texte hätten es verdient, dass sie erzählend weitergegeben werden, dass (mundwerklich) sorgfältig vorbereitete, engagierte, geübte ErzählerInnen durch das gesprochene Wort die Geschichten durchatmen, beleben und bezeugen, wie das bei den Märchen schon lange der Fall ist.

---

[8] RÖHRICH, Lutz, Lexikon der sprichwörtlichen Redensarten Bd. 3, Freiburg 1994, S. 1000

[9] NOVALIS, Im Einverständnis mit dem Geheimnis, Freiburg i.Br. 1980, S. 85

[10] LOX, Harlinda / FRUEH, Sigrid / SCHULZE, Wolfgang (Hrsg.), Mann und Frau im Märchen, Kreuzlingen/München 2002, S. 244

2 Erzählen in der Erwachsenenbildung

Geschichten gibt es wie Sand am Meer, aber erst wenn sie erzählt werden, beginnen sie zu leuchten. Sie rütteln uns auf, trösten, weisen den Weg. Erst im Erzählen werden sie zu dem, was lebendig macht. Wer Geschichten erzählt, der redet sich die Seele aus dem Leib. Wem Geschichten erzählt werden, kann eintauchen in eine Welt tiefer Lebensgeheimnisse.

Alfred Höfler

Mündliches Erzählen

Erzählen ist eine Wirklichkeit stiftende und interpretierende Handlung. Das mündliche Erzählen traut der Geschichte zu, dass sie bei den Hörenden weiter lebt. Es kann zulassen, dass sie unterschiedlich betrifft und wirkt. Das vorrangige Ziel des Erzählens ist nicht das Einordnen oder Informieren. Vielmehr soll ein offener Raum, eine innere Bühne geschaffen werden für die Begegnung von Text und Ich, ErzählerIn und ZuhörerIn und für erinnerte Erfahrungen. Aus diesem Raum heraus entstehen dann vielleicht Möglichkeiten des Dialogs, für Fragen, Fragwürdiges und evtl. für Antworten und Formen des Mitteilens. Was Eindruck gemacht hat, kann Ausdruck finden. Mündliches Erzählen kennt jeder Mensch, und wir alle können es. Wenn uns etwas bewegt, möchten wir es weitererzählen. Zwar gibt es die Tendenz, durch Ablenkung zuzudecken. Aber das Grundbedürfnis bleibt, erzählend mitzuteilen, was bewegt, weg zu erzählen, was belastet. Das direkte, lebendige Erzählen hat Zeugniskraft. Ich stehe mit meiner Person *hinter* der Erzählung und verbürge mich dafür. Die Zuhörenden schauen mich an, sehen mich begeistert, bedrückt, ergriffen. Die Erzählung wird glaubwürdig, sogar wenn ich etwas erzähle, das ich nicht selbst erlebt habe.
Erzählen ist immer schon Interpretation. Die Bilder, die ich vor meinem inneren Auge, auf meiner inneren Bühne sehe, gebe ich in imaginierender Erzählsprache an die Hörenden weiter, und indem auch sie sehen, sich erinnern, identifizieren, werden sie verstrickt und die Geschichte wird wirklich und wahr.

Achtung vor dem Text

Die uns überlieferten Erzählungen der Bibel sind sehr nahe an den Ur-Erzählungen, d. h. sie sind sehr alt und wertvoll, und sie verdienen einen respektvollen, achtsamen Gebrauch. Ich vergleiche sie mit den

Sammeltassen, die in der Vitrine meiner Großmutter standen: Mit wie viel Ehrfurcht habe ich sie als Kind angeschaut. Zwei Kriege hatten sie erlebt, und nur bei besonderen Gelegenheiten wurden sie hervorgeholt. Wie viel Sorgfalt und Behutsamkeit wurde ihnen geschenkt! Durch die Geschichte hinter Tassen und Tellern, die das Kind ahnte, wurden sie bedeutsam. Übertragen auf das Erzählen heißt das: es ist nicht nur die Frage wichtig, was der Text für mich bedeutet. Wichtig ist auch zu fragen: Was hat er für die Menschen bedeutet, die vor mir waren? Was mache ich mit dem Text? Wie gehe ich mit ihm um, wie aufmerksam, achtsam, sorgfältig?

Pflegen Sie „Umgang" – im wahrsten Wortsinn – mit dem Text, den Sie erzählen möchten, umkreisen Sie seine Mitte. Gehen Sie schwanger mit ihm, lassen Sie ihn sich ans „Herz wachsen". Das kann tage- oder wochenlang sein.

„Ich ging im Walde so für mich hin, und nichts zu suchen, das war mein Sinn", beginnt Goethe sein berühmtes Gedicht „Gefunden". Ist es nicht merkwürdig, sich einfach so und absichtslos auf den Weg zu machen? Meist haben wir doch ein Ziel. Wir wollen von A nach B.

Dennoch, gehen Sie einmal absichtslos auf den Text zu und suchen Sie nicht gleich „die Moral von der Geschicht". Versuchen Sie im Gehen atmend die Mitte zu spüren und vielleicht einen Zugang zur Quelle zu finden. Haben Sie es nicht auch schon erlebt? Gehend unterwegs machten Sie plötzlich eine überraschende Entdeckung, bekamen neue Einsichten oder hatten das Gefühl, beschenkt worden zu sein. Das Gehen entspricht dem Wegmotiv in vielen biblischen Erzählungen. Ja, die Erzählungen selbst haben einen langen Weg hinter sich: ein Fluss – aus unendlichen Fernen kommend –, der auf dem Weg durch die Zeit in die Zukunft viele Strömungen aufnimmt und aus vielen Quellen gespeist wird.

In der Hagar-Erzählung (s. Bibelarbeit 2) fragt der Bote Hagar: *Woher kommst du? Wohin gehst du?* (Gen 16,8). Er fragt nach Vergangenheit *und* Zukunft. Hagar war auf der Flucht. Indem sie sich auf ihrem Weg Schritt für Schritt vom Alltag, von ihren Verpflichtungen, den Enttäuschungen, der Entfremdung entfernt, kommt sie schließlich erschöpft zur Quelle (zum Brunnen), begegnet dem Engel, wird genährt und empfängt Klarheit, eine Perspektive und Kraft zum Umkehren.

Übung: Meditierend gehen
(*meditari* = „die Mitte suchen"), evtl. mit leiser Musik.
Beginnen wir damit, uns auf das Gehen zu besinnen. Wir gehen ganz bewusst, spüren den Boden unter den Füssen. Der Atem fließt ruhig ein und aus. Wir fühlen uns mit der Erde verbunden. Wir spüren unsere Fußsohlen, die uns schon so viele Jahre durchs Leben tragen. Wir gehen Schritt für Schritt – weder zu schnell noch zu langsam. Die richtige Geschwindigkeit stellt sich im Gehen ein. Wir gehen durch den Raum – machen Rückschritte, ändern die Richtung – so lange, bis sich alle störenden Gefühle und Gedanken verloren haben. Mit unserem eigenen ruhigen Atemrhythmus sind wir ganz bei uns. Wir nehmen den Raum wahr, in dem wir uns bewegen, bekommen ein Gefühl für seine Höhe und Weite, und wir nehmen uns Raum. Im Rhythmus unserer Schritte erleben wir das Gleichgewicht von Fassen und Lassen. Unsere Füße fassen und spüren den Boden und lassen ihn im Wechsel wieder los. Immer ein Fuß ist auf dem Boden und ein Fuß in der Luft. Dennoch sind wir im Gleichgewicht. Die Polarität der linken und rechten Schritte gibt ein Gefühl für die Mitte. Verbunden mit unserer Mitte und doch gelöst wenden wir uns dem Erzählen und/oder dem Hören zu. [11]

Diese Übung lässt sich immer wieder und überall durchführen, wenn Sie spüren, dass Sie vor dem Erzählen nervös und nicht zentriert sind. Sie ist auch geeignet für den Einstieg mit den TeilnehmerInnen zu Beginn der Bibelarbeit: ruhig, im eigenen Rhythmus gehend und atmend im Raum ankommen, den Alltag hinter sich lassen, weit und aufnahmebereit werden für das Hören. Von Goethe wird erzählt, dass er aufstand und umherging, wenn seine Gedanken ins Stocken gerieten. Beim Gehen kamen sie in Fluss. Der Zugang zu Quelle war wieder gefunden. [12]

Umgang der Erzählerin/des Erzählers mit sich selbst

„Aber ich kann nicht erzählen", ist eine häufig zu hörende Selbsteinschätzung. Zunächst einmal ist diese Einschätzung ernst zu nehmen und herauszufinden, was es denn ist, das blockiert oder hemmt: sind es die Ansprüche an sich selbst? Ist es die innere scharfe Kritikerin? Ist es Angst vor dem Versagen, und vor lauter Angst versuche ich es erst gar nicht? Gab es Hemmendes und Förderndes am Erzählen von anderen?

---

[11] nach OEHLMANN, S. 37
[12] s. OEHLMANN. Hier finden sich etliche weitere Übungen zur Vorbereitung auf das Erzählen.

Grundsätzlich gilt, was oben gesagt wurde: Erzählen können alle! Wir können vieles, von dem wir gar nicht wissen, dass wir es können! Es war faszinierend und befreiend zu erleben, wie am Ende eines Erzählseminars alle Teilnehmenden flüssig und vollständig eine vorher unbekannte Geschichte erzählen konnten: der gleiche Text, die gleichen Worte – aber alle gaben der Geschichte einen je eigenen Charakter. Was war passiert? In einer Atmosphäre des wachsenden Vertrauens und Wohlwollens wurden Selbstvertrauen und Selbstwertgefühl aufgebaut. Die Teilnehmenden lernten, selbst reflektierende und sich selbst kommentierende Sätze aufzugeben wie „Ich bleibe bestimmt stecken!“, „Jetzt habe ich den nächsten Satz vergessen!“, „Ich weiß nicht weiter!“, „Ich fange noch mal an!“. Sie lernten, Pausen zuzulassen und darauf zu vertrauen, dass sie erzählen können und alles haben, was sie zum Erzählen brauchen.

Die Grundlage allen Erzählens ist Vertrauen: in den Text, in das Selbst, in die Zuhörenden, in die eigenen schöpferischen Quellen. Wenn Sie erzählen, dann vertrauen Sie dem, was in Ihnen ist! Seien Sie tolerant mit sich! Vertrauen Sie Ihrer Ausstrahlung und Originalität!

Vielleicht kennen Sie auch das: Sie wollen etwas Wichtiges sagen, sind aufgeregt, stehen unter Leistungszwang, die Zunge klebt am Gaumen, der Mund ist ausgetrocknet. Dann erzählen wir nicht mehr „flüssig“, sondern trocken, oder der Erzählfluss stockt. Vielleicht hilft es Ihnen, herauszufinden, aus welchen Quellen Sie schöpfen können.

Übung: Zur Quelle gehen

Schließen Sie die Augen und vergegenwärtigen Sie ein Bild, eine Situation, einen Ort, an dem sie gerne sind, eine Person, einen Gegenstand, etwas, das für Sie zur Quelle werden kann, mit dem Sie sich verbinden können und das Ihnen hilft, Unrast, negative Gefühle und Hemmschwellen zu überwinden. Gehen Sie in das Bild. Spüren und fühlen Sie mit dem ganzen Körper, was Sie „sehen“. Wenn Sie sich gestärkt und ermutigt fühlen, versuchen Sie, aus diesem Gefühl heraus zu erzählen.

Das entspricht einem ganzheitlichen Erzählen *mit Leib und Seele.* Imaginierendes *Erzählen als Kommunikationsvorgang* in einer Erzählgemeinschaft ist in seiner Wirkung abhängig vom Erzähler oder der Erzählerin. Es gibt kein Rezept für „richtiges“ Erzählen. Vielmehr geht es darum, den eigenen Stil zu finden, in dem man beheimatet ist, aber auch die Situation der Zuhörenden achtsam wahrzunehmen.

Es sei an die Erzählungen in *Tausendundeine Nacht* erinnert: Scheherazade kann ihr Leben retten, indem sie den Geschichten erzählend Leben einhaucht und damit bewirkt, dass der König sich von einem unheiligen Schwur (er)lösen kann. Wir können uns vielleicht die Atmosphäre im Serail vorstellen, wissen aber nicht, *wie* Scheherazade sich auf das Erzählen vorbereitet hat, wie der Klang ihrer Stimme oder ihre Atemtechnik war. Jedoch spüren wir, dass es ums Ganze, um Leben und Tod ging, und dass sie im Vertrauen auf ihre Begabung und mit ihrer sprudelnden inneren Quelle einen Schlüssel zum Herzen des Königs gefunden hatte. Hier haben wir alle wichtigen Aspekte für das Erzählen: Raum und Atmosphäre, Vertrauen ins Eigene und in die Erzählung, Erzählen mit allen Sinnen, aus der Mitte, von Herz zu Herz.

Vorbereitung auf das Erzählen

Eine Erzählerin berichtet, dass sie in der Zeit der Vorbereitung auf das Erzählen nicht Fernsehen schaut und kein Buch liest. Dafür geht sie viel und meditiert (s. o. Übung „Zur Quelle gehen"). Versuchen Sie herauszufinden, was für Sie gut und richtig ist. Die Liste der folgenden Empfehlungen ist sicher nicht vollständig:

- Lassen Sie den Text auf eine Kassette sprechen und lernen Sie, indem Sie wieder und wieder hören. Lassen Sie den Text in sich fallen wie in einen Brunnen! Oder lesen sie ihn sich selbst immer wieder laut vor. Beim lauten Lesen spüren Sie, wo der Rhythmus fließt und wo er stockt, wo Sie vielleicht einen Satz umstellen, ein anderes Wort wählen möchten.
- Gliedern Sie die Erzählung in sinnvolle Abschnitte, in Akte oder Szenen, und legen Sie damit einen Handlungsablauf im Gedächtnis ab!
- Suchen und verinnerlichen Sie Bilder, Symbole, Schlüsselwörter, und erzählen Sie entlang dieser inneren Bilder.
- Unterstreichen Sie wesentliche Wörter und Sätze, die sie auf keinen Fall weglassen dürfen.
- Spielen Sie mit dem Text: Sprechen sie ihn laut und leise, mit tiefer und hoher Stimme, in unterschiedlichen Tempi, lachend oder traurig.
- Machen Sie sich mit den biblischen Personen vertraut. Leihen Sie Sara, Rebekka, Jakob... Ihre Stimme. Welche Stimmhöhe passt zu welcher Person? Versuchen Sie kraftvoll und zugleich zart und einfühlsam zu sprechen. Seien Sie *viva vox evangelii,* der „lebendige Klang der guten Botschaft", wie Luther es ausdrückte.

- Sie entscheiden, ob sie *wortgetreu* oder *texttreu frei gestaltend* erzählen wollen (s. u. Mögliche Erzählformen und Textbearbeitung) oder ob Sie den Text in eine Rahmenerzählung einbetten werden (wie z. B. TER LINDEN, STEINWEDE u. a.).
- Bearbeiten Sie den Text behutsam und mit Achtung. Bauen Sie keine langen Erklärungen in die Erzählung ein.
- Machen Sie sich mit der erzählten Zeit, dem erzählten Ort vertraut (Sachinformation). Das heißt nicht, dass sie die Sachinformation auch mitteilen müssen! Stellen Sie diese als Kulisse auf die innere Bühne.
- Es kann hilfreich sein, den eigenen Erzähltext aufzuschreiben.
- Der erste Satz ist wichtig. Überlegen Sie: Mit welchem Satz will ich die ZuhörerInnen mit auf den Weg nehmen?
- Erzählen Sie zunächst einmal einer vertrauten Person. Das hilft, Angst abzubauen und Selbstvertrauen zu gewinnen.

Die beste Lehrmeisterin sind Lust und Freude, mit der Sie ihre Erzählform entwickeln und erzählen.

Wie erzählen

Den *einen* Weg, zu erzählen, gibt es nicht. So viele Wege und Zugänge zur Quelle möglich sind, so viele Wege des Erzählens gibt es. Es gibt kein „richtig" oder „falsch", aber ein „angemessen", „glaubwürdig", „textentsprechend".
Als Kinder haben wir einfach zugehört, wenn biblische Geschichten erzählt wurden, ohne uns um literarische Gattung, Kernaussage, Hintergründe zu kümmern. Oft wurde noch „die Moral von der Geschicht" angefügt, und dann langweilten wir uns. Dem Interesse am Erzählen war auch nicht gerade förderlich, dass häufig in einer frommen oder betulichen Sprache erzählt wurde, von denen manche bis heute meinen, dass sie Märchen oder biblischen Geschichten angemessen sei.
Nun wird und müssen nicht alle so begnadet erzählen können wie Scheherazade oder die Erzählerin der Rut-Geschichte (s. o.). Wie erzählt wird, hängt letztlich von der erzählenden Person, aber auch von den Zuhörenden ab. Es ist ein Wechselspiel:
Wem zeige ich meine Gefühle? Welche Gefühle werden geweckt?
Wo bin ich betroffen? Wo treffe ich die Zuhörenden?
Wichtig ist: Nicht die Erzählenden und ihre schauspielerischen oder sprachlichen Qualitäten stehen im Mittelpunkt. Die Erzählenden dienen vielmehr dem Text mit den eigenen erzählerischen und stimmlichen Möglichkeiten und der sorgfältigen Vorbereitung auf das Erzählen. Ideal ist es, wenn *elementar* wird, d. h. wenn Erde, Wasser, Luft und Feuer

ausgewogen vorhanden sind. Die Elemente stehen für vier Grundmöglichkeiten des Erzählens:

Gestaltungs-element	**ausgewogen**	**zu viel**	**zu wenig**
Erde	geerdet tragender Grund tiefgründig Bodenhaftung	schwerfällig stecken bleiben nur der Materie verhaftet	abgehoben überheblich
Wasser	fließend, flüssig sprudelnd erfrischend	verwässert verschwommen Überflüssiges	trocken stockend
Luft	Atem und Geist Begeisterung Schwung Bewegung	hastig ohne Rhythmus sich überschlagen Gedankenfetzen	enger Atemraum Müdigkeit Gähnen
Feuer	ansteckend zündend wärmend erhellend	vernichtend blendend am Ende ausgebrannt	kalt leblos finster

Meist haben wir uns in einem der vier Gestaltungselemente gut eingelebt und erzählen von daher. Manchmal lässt sich das eine oder andere noch schwach erkennen.[13]

Zusammenfassend einige Hinweise und Merkpunkte:

- Bleiben Sie in Augenkontakt mit den Zuhörenden.
- Erzählen Sie einfach und ruhig mit ihrer eigenen Stimme, d. h. „wie Ihnen der Schnabel gewachsen ist" (das kann auch im Dialekt sein).
- Vermeiden Sie lange, geschachtelte Sätze und Nebenbemerkungen.
- Sie dürfen die Erzählung durchaus „handlich" machen, aber verzichten Sie auf große Gesten und dramatische Überhöhungen. Das stört die Bildkraft.
- Nutzen Sie bewusst Wiederholungen, um Wichtiges hervorzuheben.
- Gute ErzählerInnen versagen es sich, moralisierend oder aus der Perspektive der Allwissenheit zu erzählen.

---

[13] Spielerische Übungen mit dem Ziel, die elementaren Quellen für das Erzählen nutzbar zu machen, bei OEHLMANN, S. 47f

- Das Mehrdeutige sollte nicht zur Eindeutigkeit verengt oder das Sperrige geglättet werden, sondern in seiner Mehrdeutigkeit und Sperrigkeit belassen werden.
- Jede Selbstdarstellung missbraucht die Erzählung und nimmt weder den Text, noch die Zuhörenden ernst.

Immer geht es um den Text, das Textil, dessen Fäden sich mit unserem Lebensmuster verknüpfen sollen.

Freies Erzählen und Exegese

Nun mag man sich fragen: Darf man die biblischen Geschichten einfach so erzählen? Braucht es da nicht zunächst einmal die Textanalyse? Und wo bleiben die verschiedenen historisch-kritischen Methoden der Exegese und Theologie? Werden diese nicht vernachlässigt? Wird der Text so nicht beliebig?

Wenn hier das Schwergewicht auf das freie mündliche Erzählen gelegt wird, soll eine in der kirchlichen Erwachsenenbildung vernachlässigte und in der einschlägigen Literatur kaum einmal erwähnte Zugangsmethode belebt werden. Geschichten sollen aus ihrer Versteinerung in der Schriftsprache befreit und zu „Brot" werden. Geschichten verdanken ihr eigentliches Sein ja nicht dem toten Buchstaben. Erst durch das Sprechen und Hören kommen sie zu ihrer Sinnfülle. Es ist eine Methode, die nicht zuerst *über* den Text redet, sondern den Text selbst sprechen lässt. Freies Erzählen auf der Ebene der inneren Bilder ist eine Möglichkeit des Brückenschlags von der Erzählzeit in unsere Zeit, von der erzählten Lebenserfahrung einer biblischen Person zur eigenen Lebenserfahrung. Es kann vielleicht „zu einem anderen Umgang mit der eigenen Realität" beitragen.[14] Freies Erzählen und Exegese sollen in keiner Weise gegeneinander ausgespielt werden. Sie sollen vielmehr Hand in Hand gehen. Wir wollen nicht wie Gäste am reich gedeckten Tisch sitzen, die sich bestens auskennen mit Kalorien, Vitaminen, Cholesterin- und Fettgehalt, davon aber, wie gut das Essen schmeckt, nur noch eine ferne Erinnerung haben.

Dass sich die Erzählenden gut vorbereiten, wird vorausgesetzt. Exegetische Hinweise, Hintergrundinformationen, historisch-kritische Erhellungen geben Erzählenden und Zuhörenden Orientierung. Bei den einzelnen Bibelarbeitsvorschlägen werden Sie stets entsprechende Erklärungen finden. Je sorgfältiger die Vorbereitung auf das Erzählen ist,

---

[14] s. hierzu die Ausführungen zu „Bibliodrama und Exegese" in: DIETERICH Dorothee / SCHÄFER Brigitte (Hrsg.), Zwischen Himmel und Erde (WerkstattBibel Bd. 4), Stuttgart 2003, S. 34f

desto authentischer wird die Erzählung. Diese Informationen müssen also nicht in einem theoretischen Impuls vorgetragen werden.
Es kann in einer Gruppe oder an einem Abend gut und richtig sein, eine Geschichte einfach nur zu erzählen und den Raum zu schaffen, in dem sich die Teilnehmenden mit dem Text auf den Weg machen können, ihn spiegeln, ihn verinnerlichen und veräußerlichen können. Ein noch so guter Deutungsversuch kann eine biblische Erzählung letztlich nicht ausschöpfen. Stets wirkt etwas weiter und wird sich der Deutung entziehen. Eine Erzählung darf nicht überfrachtet werden, und sei es mit noch so schönen oder klugen Worten. Manchmal ist Schweigen die angemessene Haltung, wie Mascha Kaléko das ausdrückt:

Mein schönstes Gedicht?
Ich schrieb es nicht.
Aus tiefsten Tiefen stieg es.
Ich schwieg es.[15]

Mögliche Erzählformen und Textbearbeitung

- *Wortgetreues Erzählen an Hand einer Übersetzung:* Hier wird durch gestaltendes Sprechen, Tonfall und Lautstärke, Heben und Senken, Wechsel im Tempo, bewusst gesetzte Pausen und mit sparsam eingesetzter Gestik und Mimik ein Text erzählerisch interpretiert.
- *Wortgetreues Nach-Erzählen mit Blick auf die Hörenden:* Hier wird der Wortlaut des Textes verändert, z. B. durch die Wiederholung eines wichtigen Satzes, um die Wirkung zu verstärken. Indem Sätze umgebaut werden, wird ein hörergemäßer Ausdruck gesucht. Oder es wird etwas hinzugefügt, eine zentrale theologische Aussage akzentuiert, eine Sachaussage erzählerisch erhellt. Die Erzählenden werden versuchen, die konzentrierte Sprache der Vorlage zu entschlüsseln ohne den Sachgehalt zu verändern, wird sich einer elementaren Sprache bedienen, die Vorlage stellenweise glätten (ohne zu verharmlosen und zu verwässern). Es können Teile des Textes erzählerisch überbrückt (weggelassen oder zusammengefasst) werden.
- *Rahmenerzählungen*: Umwelterzählungen, die den zeitgeschichtlichen Hintergrund oder die literarische Ursprungssituation erhellen, werden hinzugefügt.
- *Erzählungen mit Verfremdungscharakter:* Eine Geschichte kann durch verfremdendes Erzählen in neuem Licht erscheinen und betroffen machen. (Was wäre, wenn Hagar nicht zurückgekehrt wäre?)[16]

---

[15] KALÉKO, Mascha, In meinem Träumen läutet es Sturm, München 1997, S. 138

Erzählen oder Vorlesen?

Erzählen ist schöner, dichter, fesselnder als Vorlesen. Aber gut vorgelesen ist allemal besser als schlecht erzählt. Ein erzählender Mensch schaltet das Buch als Medium zwischen sich und dem Hörenden aus. Das Vorgelesene wirkt hingegen etwas weniger frei, weniger authentisch als das Erzählte. Das allerdings mögen bei geübten VorleserInnen nur Nuancen sein. Wenn sich aber jemand das Erzählen gar nicht zutraut, sollte es nicht erzwungen werden. Erzählen kann zwar geübt werden, aber gut Ding will eben Weile haben. Gutes Erzählen braucht einen freien Kopf und einen weiten Atemraum. Druck hingegen engt nur ein und ist kontraproduktiv.

Einem *literarischen Kunstwerk* tut man leicht Gewalt an, wenn man frei und kreativ erzählt. Eine sorgfältig komponierte Erzählung sollte in ihrer Originalgestalt zum Leben erweckt und nicht als beliebig formbare Erzählmasse behandelt werden.[17] Auch beim Vorlesen wird ja das Gedruckte in Sprache zurückverwandelt, macht der Ton die Musik. Vorlesen will ebenfalls gut vorbereitet sein. Die Geschichte soll verinnerlicht werden. Es ist wichtig, beim Vorlesen den (Augen)kontakt zu den Hörenden nicht zu verlieren.

Noch etwas: Möglicherweise müssen Sie gar nicht *selbst* erzählen. Es gibt vielleicht eine geübte Erzählerin in Ihrer Gemeinde, die mit Ihnen zusammenarbeiten möchte, oder es finden sich TeilnehmerInnen, die sich jeweils auf das Erzählen vorbereiten.

---

[16] s. hierzu auch STEINWEDE, BECK, Was wäre ... u. a.

[17] SENNHAUSER, S. 27f

3 Praktische Hinweise

Raum

Ideal ist ein großer Raum, der in drei Orte aufgeteilt werden kann:

- *Erzählort* mit einer besonderen Atmosphäre, z. B. ein Erzählzelt oder eine Erzählstube, abgeteilt durch Tücher. Am Erzählort kann sich der eine oder andere zur Erzählung passende symbolische Gegenstand befinden (z. B. Krüge, ein Brunnen, eine biblische Figur). Ansonsten sollten Gegenstände nur sparsam eingesetzt werden. Das Erzählen kann auch in einem kleinen Nebenraum oder an einem geeigneten Ort im Freien stattfinden.
- *Plenum mit Stuhlkreis:* Anstelle eines eigenen Erzählortes kann ein Erzählkreis markiert werden mit einem roten Seil, das vor den Füßen der ZuhörerInnen liegt. Während der Erzählung sind die Füße im Erzählkreis: Wir befinden uns in der Geschichte. Beim Gespräch verlassen die Füße den Kreis und stehen hinter dem Seil, d. h. wir treten aus der Geschichte heraus in unsere eigene Zeit.
- *Arbeitsort:* Tische an den Wänden ermöglichen verschiedene Verarbeitungsformen oder persönliche Umsetzung des Gehörten.

Daneben sollte Platz für Bewegung vorhanden sein.

Einstieg

Günstig ist es, wenn sich die Teilnehmenden auf die Erzählung einstimmen können. Die Leitung lässt vielleicht „erzählen", wie die Teilnehmenden gerade da sind, was sie heute gefreut oder beeindruckt hat. Eine kleine Übung am Anfang (s. o. Übung: Zur Quelle gehen), Musik oder ein Tanz entspannt, lässt den Atem fließen und macht aufnahmebereit.

Ein Erzählheft zum Spinnen und Weben

Wir empfehlen, den Teilnehmenden ein Heft abzugeben, in welchem Fäden aus der Erzählung *weitergesponnen*, Gedanken, Einsichten, Bilder zur Erzählung und alles das, was sich auf der inneren Bühne abspielt, gesammelt werden können. Was da gesammelt wird, bleibt bei den Teilnehmenden. Das Erzählheft soll auch als eine Art Tagebuch durch die folgende Woche begleiten und das aufnehmen, was von der Erzählung weiter gewirkt und sich ins Leben verwoben hat.

Zeit

Wir empfehlen, für die vorgeschlagenen Bibelarbeiten zweieinhalb Stunden einzuplanen. Die Leitung entscheidet, an welcher Stelle eine Pause eingesetzt wird. Erzählen braucht Zeit. Auch für Einstieg (Säen) und Schlussrunde (Ernten) sollte genügend davon vorhanden sein. Jede Gruppe arbeitet anders. Die Leitung wird schon bei der Vorbereitung überlegen, wo sie allenfalls straffen oder etwas weglassen kann.

Bibeltexte

Es wird vorgeschlagen, möglichst keine Textblätter zu verwenden. Wo konkret am Text gearbeitet werden soll, empfehlen wir die Bibel. Entweder werden die Teilnehmenden schon mit der Einladung gebeten, ihre Bibel mitzubringen, oder die Leitung stellt genügend Bibeln bereit. Das hätte den Vorteil, dass alle mit der gleichen Übersetzung arbeiten, was für die Bibelarbeiten in diesem Buch empfehlenswert ist. Die Vielfalt des Erzählens in den verschiedenen Übersetzungen sichtbar zu machen, wäre zwar ein spannendes Thema, im Zusammenhang unserer Bibelarbeiten haben wir dies jedoch aus Zeitgründen nicht thematisiert.

Zu den folgenden Bibelarbeiten

Die Bibelarbeiten im III. Teil dieses Buches enthalten stets den gleichen „Drei-Schritt". Nach einem thematischen Einstieg bzw. einer Einstimmung folgt die „Textaufnahme" durch das Erzählen. Der Erzähltext wird im folgenden, in der „Textbeobachtung", genauer analysiert: Was war es, das da gerade erzählt wurde? Erst in der folgenden „Textverknüpfung" werden die „Fäden" weitergesponnen ins Leben der Teilnehmenden hinein. Allerdings wird dieser „Drei-Schritt" auch immer wieder variiert, wenn beispielsweise eine „Textverknüpfung" – d. h. die Hineinnahme der eigenen Lebenserfahrung – der genaueren „Textbeobachtung" dienen kann.
Wenn nötig findet sich zu jedem Schritt in der Kurztabelle am Anfang einer Bibelarbeit eine ausführlichere Erläuterung im Kommentar. Darauf wird nicht eigens jedes Mal hingewiesen.

Ermunterung[18]

Ich habe alles zur Verfügung, was ich zum Erzählen brauche:
Meine Erzähler/innen-Rolle und meine Spielfreude,
und ich fühle mich verbunden mit meiner Quelle.

Ich weiß, dass ich nicht ins Erklären,
Bewerten oder Rechtfertigen verfallen muss.
Es gibt kein „richtig" oder „falsch" im Erzählen.

Ich muss mir keine besondere Leistung abverlangen
oder mir vorstellen, nach welchen Regeln ich erzählen sollte,
oder wie ich früher einmal besser erzählt habe
oder eines Tages routinierter erzählen werde,
sondern:
Ich kann hier und jetzt aus meiner Kompetenz
und aus meiner Ganzheit heraus einfach erzählen!
Und so wie ich erzähle, ist es mein Erzählen und stimmt für mich.

Ich erzähle in Übereinstimmung mit mir selbst,
auch in meiner körperlichen Übereinstimmung
und in meiner eigenen schöpferischen Weise
auf meine Intuition hörend und ihr folgend.

So lasse ich Gedanken, Bilder und Vorstellungen zu
und lasse meine Geschichte von ihnen bewegen.

Während ich meine Zuhörer wahrnehme und respektiere,
bin ich offen für sie und die Einmaligkeit ihrer Gegenwart,
die mich inspiriert.

Mit ihnen teile ich meine Gefühle und Erfahrungen,
meine Freude, meine Trauer, mein Lachen
und auch das Lächeln, das ich mir selber schenke,
die Bilder, die ich sehe, die Klänge und Stimmen, die ich höre ...

Ich lasse mich überraschen von dem Neuen,
das auf diese Weise entsteht.
Im Vertrauen darauf kann ich jetzt
einfach erzählen.

(Ändern Sie den Text so, dass er für Sie passend ist.)

---

[18] OEHLMANN, S. 72f

III. Teil

Bibelarbeiten

1 Eine Familie auf dem Wege (Gen 11,27 - 12,20)

Die Erzählungen von den Stammeltern Israels sind Weggeschichten. Sie beginnen mit Aufbrüchen. Es sind Erzählungen von Kreuz- und Querwegen, Auf- und Abwegen und von fehlbaren Menschen. Am Anfang des Abraham-/Sara-Erzählkreises steht eine Not (Kinderlosigkeit), eine Verheißung, die Segenszusage an Abraham und der Weggang der Abrahamsippe aus Haran.

Dauer	*Inhalt und Vorgehen*	*Material*
30'	**Einstieg** *Plenum, Stuhlkreis (oder Erzählort)* Märchen „Der goldene Schlüssel" erzählen Begrüßung und Vorstellungsrunde Informationen zum Ablauf und zur Methode der Bibelarbeiten (s. S. 46f)	Schatzkästchen Schlüssel Märchen (S. 32)
20'	**Einstimmung** *Bewegung im Raum (Stühle am Rand)* Übung „Meditierend gehen" (s. S. 38) und Spiraltanz	Musik (z. B. israelisch, griechisch), Abspielgerät
10'	**Textaufnahme** *Plenum, Erzählort* Lt erzählt (Erzählvorschlag M 1)	M 1
15'	**Textverknüpfung: Herkunftsfamilie** Einführung in die Sprechmotette *Bewegung im Raum* Wiederholen der VV 11,27-31 Sprechmotette	 (Evtl. Musik)
25'	**Textbeobachtung** *Plenum, Stuhlkreis* Blitzlicht auf den vorhergehenden Schritt, dann Gespräch zum Erzähltext; Lt ergänzt besonders zum Wegmotiv	Flipchart
30'	**Textverknüpfung: Eigener Lebensweg** Einführung des Erzählheftes (s. S. 46) *Einzelbesinnung* Aufschreiben von Gedanken zum eigenen Lebensweg in das Erzählheft	 Erzählhefte, Stifte Blatt mit Impulsfragen
20'	**Abschluss** *Zweiergruppe* • Erzählen: Parallelen im eigenen Leben	

	(Alternativ im Plenum •Tn legen symbolische Gegenstände auf einen vorbereiteten Lebensweg) *Plenum* Blitzlicht: Was noch zu sagen wäre •Spiraltanz (s. o.)	 (Stoffbahn, Materialkiste) Musik wie oben

Kommentar

Ziel dieser Bibelarbeit: Die Erzählung von den Lebenswegen der biblischen Erzeltern verknüpft sich mit eigenen Familiengeschichten. Brüche und Aufbrüche werden betrachtet und Erinnerungen an wirksame Ereignisse der eigenen Lebenswege wachgerufen.

Raum und Einrichtung: Erzählort oder Erzählkreis mit besonderem Platz für die Erzählerin / den Erzähler (s. o. Methodische Einführung S. 46). Für Bewegung und Spiraltanz sollte genügend Raum vorhanden sein.

Einstieg: Das Märchen soll einstimmen in das Erzählen. Es gilt, mit den alten Erzählungen einen Schatz zu entdecken und für den eigenen Lebensweg zu entschlüsseln. Beim Erzählen können wir uns als Erzählende und Hörende den eigenen inneren Bildern überlassen, ohne gleich und vorrangig Deutung zu versuchen. Es ermöglicht ein Verweben, eine Verstrickung mit der eigenen Lebensgeschichte, und es werden Muster und Vorlagen sichtbar. Erzählen braucht eine gute, gelöste Atmosphäre und Zeit. (s. hierzu die Methodische Einführung S. 28f; 41f)

Einstimmung: Die Bewegungen im Raum schaffen Entspannung und Weite. Sie lassen den Raum und die anderen Tn vertrauensvoll wahr- und annehmen und machen aufnahmebereit für die Erzählung. Die vorgeschlagene Meditation (S. 38) geht in den *Spiraltanz* über. Zur Musik fassen sich die Tn paarweise an der Hand und gehen weiter im Rhythmus der Musik. Sie schließen sich an andere Paare an, bis eine Schlange (eine Karawane, ein Treck) entstanden ist. Die Lt setzt sich an die Spitze und führt die Schlange spiralförmig in die Mitte. Auf dem Weg in die Mitte wird es immer enger. Aus der Enge führt die Bewegung wieder nach außen in die Weite. Symbol für den Lebensweg: Manchmal wird es bedrohlich eng, geht es nicht weiter. Doch der Weg bleibt nicht in der Krise stecken. Etwas löst sich auf, es gibt einen Weg heraus zur nächsten Situation – aber selten geraden Weges.

Textaufnahme: Die Erzählvorlage bleibt nahe an der Textvorgabe der Einheitsübersetzung. Es ist ein Vorschlag, den Text erzählbar zu machen. Direkte Rede (in Gen 12), die wichtig ist und unverändert bleiben sollte, ist in der Erzählvorlage kursiv gesetzt. Auf phantasiereiche Orts- und Nebenbeschreibungen im orientalischen Stil, eingeflochtene Erläuterungen oder Hintergrundinformationen wird hier weitgehend verzichtet. Das Wegmotiv soll unverstellt bleiben. Die Kargheit der Erzählung soll Raum lassen für eigene Bilder von Wegen und Zielen, vom Verlassen und Lassen, von Erstarrung und Aufbrüchen.

Textverknüpfung – Herkunftsfamilie: Mit dieser Erinnerungsarbeit soll im Stil biblischer Geschlechterfolgen die Verbundenheit mit einer langen Reihe bzw. einem großen Netz von Männern und Frauen bewusst werden, die Leben, Fruchtbarkeit und Prägung durch viele Generationen (von *generatio* = Zeugungskraft) facettenreich weitergegeben haben und Familiengeschichte geworden sind.
Die Lt spricht langsam Gen 11,27-31. Dann gehen die Tn durch den Raum, sind ganz bei sich und zählen Vor- und Geschlechtsnamen sowie Orte aus der eigenen Stammesgeschichte auf:
Johannes Gut aus Luzern zeugte Jakob und Peter. Peter heiratete Maria Meier; Jakob heiratete Johanna Müller. Sie ließen sich in Buchs nieder. Peter und Maria zeugten Matthias, Elisabeth und Jonas...
So entsteht ein genealogisches Klangbild. Leise Hintergrundmusik kann evtl. Hemmungen überspielen und die Motette untermalen.

Textbeobachtung: Beim anschließenden Blitzlicht werden keine Familienanekdoten erzählt, sondern ein oder zwei Sätze zur Befindlichkeit mitgeteilt. Dann bringt die Lt nochmals den Erzähltext ins Spiel: Was ist vom erzählten Text in Erinnerung? (Personen, Orte, Motive; wer spricht – wer handelt?).

Textverknüpfung – Eigener Lebensweg: Vor der Einzelbesinnung wird die Funktion des durch alle Bibelarbeiten begleitenden Erzählheftes erläutert. Die Tn schreiben zu folgenden Impulsen ihre Gedanken auf:

- Wer/was hat meinen Lebensweg bestimmt?
- Welche Orte/Menschen musste ich verlassen? Was musste ich loslassen? War es mein eigener Wille?
- Wozu fühle ich mich berufen? Was gab/gibt Kraft?
- Wo bin ich unzufrieden mit meinem Lebensweg?
- Wo war mein Lebenskonzept gefährdet?
- Habe ich Erfahrungen von Geführtsein gemacht?

Auch andere Ausdrucksmöglichkeiten: ein Gedicht, eine Zeichnung, ein Brief an eine Vormutter, den Großvater... sind denkbar.

Abschluss: Wo es unpassend erscheint, sich gegenseitig vom Lebensweg zu erzählen, empfiehlt sich die Alternative: Die Lt legt mit Tüchern oder einem Seil einen Weg und hält vielfältiges Material bereit: Bilder Spielzeug, spitze und glatte Steine, Edelsteine, Schnüre, Pfeile, Fahrkarten, Wegzeichen, Scherben... Die Tn wählen symbolische Gegenstände und legen sie, jeweils mit einem Satz, auf den „Weg".

Gedanken und Informationen zu Gen 11-12

Abram/Sarai
Erst in Gen 17 geschieht eine Änderung zu den uns bekannteren Namen. Wie stets in der Bibel, ist eine Namensänderung verbunden mit einer neuen Berufung: *Abram* (hoher Vater) wird nun *Abraham* (Vater einer Menge) genannt (17,5). Aus der kinderlosen Sarai wird Sara (Herrin, Fürstin), die gesegnete Mutter eines Sohnes (17,15).

Zweifache Preisgabe Sarais - Gott und Sarai
Sara folgt ihrem Mann, wohin seine Glaubensgewissheit ihn führt – ungefragt und schweigend, so scheint es. Nur zu ihm hat er gesprochen, der Gott Abrahams. Schweigend folgt sie auch dem listigen Vorschlag, sich als Abrahams Schwester auszugeben und ihre Schönheit einzusetzen, zum Schutz seines Lebens und zum Vorteil der Sippe (12,13-16). Abraham erhält einen stattlichen Brautpreis (12,16). Man sieht: Der Glaubensweg Abrahams ist in Krisensituationen nicht unerschütterlich, Angst frisst den Glauben auf. Einer ist mit der Preisgabe Sarais als Stammmutter nicht einverstanden: Gott. Jetzt zeigt sich: Seine Verheißungen und sein Segen gelten gleichermaßen Sara. Er ist auch der Gott Saras. Das Eingreifen Gottes (12,17) führt beide aus der Sackgasse und durch den Befehl des Pharaos zurück in das verheißene Land.

Das Wegmotiv in den Erzelterngeschichten
Es gibt wohl kaum ein geeigneteres Bild, um das Weiterkommen und den Wandel der Menschen, aber auch die existenzielle Suche nach Lebensrichtung zu symbolisieren. Etymologisch hat „Sinn" mit Weg zu tun: Das mittelhochdeutsche *sinnan* meint reisen, sich begeben, wandeln. In der ganzen Welt sind Wegerzählungen und Geschichten von Suchwanderungen verbreitet. Von Unterwegssein, Beweglichkeit,

Verwegenheit, von Umwegen, Abwegen, Irrwegen, Fluchtwegen wird erzählt, aber auch von Weggefährten und Wegweisern. „Auf dem Weg sein" ist eine Grundbefindlichkeit. Wer nicht herausgeht aus „seinen vier Wänden" (aus sich, aus Traditionen, Verhaltensmustern), findet keine „Weidegründe", verhungert, geht ein, erlebt nichts. Das meint nicht einfach eine örtliche Mobilität, sondern vor allem auch eine innere Beweglichkeit.

Am Anfang vieler Auszugs- oder Weggeschichten in der Bibel steht ein Mangel, eine materielle, soziale oder existenzielle Not: Hunger, Kinderlosigkeit, Bedrohung… Dieses Motiv findet sich auch in den Wegerzählungen und Suchwanderungen anderer Kulturen und in den Märchen aller Völker, das setzt sich fort in jedem Exodus der Neuzeit. Es gibt Situationen, da ist die Weiterentwicklung eines Menschen oder eines Volkes bedroht, da geraten die Lebensenergien ins Stocken. Da bedarf es einer rettenden Tat, eines Impulses von außen, eines Aufbruchs, einer Richtungsänderung. Es braucht einen Perspektivenwechsel, d. h. einen (symbolischen) Ortswechsel. Weggeschichten sind immer auch Heilsgeschichten und umgekehrt. Es lässt sich ein Muster erkennen:

Protagonist Protagonistin	*Not, Abschied, Grund für den Weggang*	*Gefährdung, Krise, Resignation*	*Bewährung, rettende Tat, Entscheidung, Kampf*	*Wandlung, (Er-)Lösung, Wachstum, Weitergang*
Abraham/ Sara	Kinderlosigkeit Hungersnot Weidegründe	Zweifel Lachen Ägypten Harem	Verheißungen, Segen, Glauben Eingreifen Gottes: Plagen	Bundesschluss Rückweg
Hagar	Unterdrückung	Flucht	Bote Gottes	Rückkehr
Abraham/ Isaak Rebekka	Berufung (Prüfung?)	Bindung, Bereitschaft, den Sohn zu opfern	3. Tag: Stimme des Engels Widder, Tieropfer	Verheißung, Segen Heirat Isaaks Nachkommen
Jakob	erlisteter Segen Zorn Esaus Heimweh	Flucht Kampf am Jabbok	3 x 7 Jahre Dienst bei Laban Ringen mit dem Schatten, Segen	Heiraten Nachkommen Reichtum Neuer Name: Israel Versöhnung

M 1 • Erzählvorlage zu Gen 11,27-12,20

Es begann vor langer, langer Zeit in Ur in Chaldäa. In Ur lebte ein Mann, der hieß Terach. Terach hatte drei Söhne: den Abram, den Nahor und den Haran. Die Söhne gründeten Familien. Die Frau Abrams hieß Sarai. Abram und Sarai waren kinderlos. Als der jüngste Sohn verstarb, entschied Terach, mit seiner Sippe auszuwandern aus Ur.
Sie kamen bis Haran. Der Ort liegt an einer großen Karawanenstraße und sein Name bedeutet „Weg". In dieser „Stadt am Wege" ließen sie sich nieder. Hier, in Haran, starb Terach im hohen Alter.
Eines Tages - oder war es in der Stille der Nacht? - hört Abram eine Stimme. Die Stimme ruft ihm eine Verheißung zu:
Zieh weg aus deinem Land, von deiner Verwandtschaft und aus deinem Vaterhaus in das Land, das ich dir zeigen werde. Ich werde dich zu einem großen Volk machen, dich segnen und deinen Namen groß machen. Ein Segen sollst du sein. Ich will segnen, die dich segnen; wer dich verwünscht, den will ich verfluchen. Durch dich sollen alle Geschlechter der Erde Segen erlangen.
Abram ist ganz sicher, da spricht GOTT. Ohne zu zögern tut er, was ihm gesagt wird. Er bricht die Zelte ab. Sarai bündelt alles Hab und Gut. Mit seinem Neffen Lot und allen, die zu seiner Familie gehören, treibt er die Tiere zusammen. Dann nehmen sie Abschied. Schweigend vertrauen sie sich der Führung ihres Sippenchefs an. So ziehen sie in das unbekannte Kanaan, das Land, das Abram und seinen Nachkommen verheißen ist.
In jener Zeit aber brach in Kanaan eine große Hungersnot aus. Da entschied Abram, mit seiner Familie weiter zu ziehen, hinab nach Ägypten. Dort herrschte kein Mangel. In Ägypten gab es Brot. Als sie sich der Landesgrenze näherten, bekam er Bedenken wegen der auffallenden Schönheit Sarais. Er hatte von den freien Sitten und Begehrlichkeiten der Ägypter gehört. Darum sagte er zu Sarai: *Ich weiß, du bist eine schöne Frau.* Wie soll ich dich schützen? Wenn dich die Ägypter sehen, werden sie dich einfach nehmen. Wenn ich mich wehre, werden sie mich erschlagen, um dich zu bekommen. *Sage doch, du seiest meine Schwester, damit es mir deinetwegen gut geht und ich um deinetwillen am Leben bleibe.*
Sara aber schwieg.
Nicht lange, da sahen die Beamten des Pharao die schöne fremde Frau und rühmten ihre Schönheit im Palast. Und sie holten sie und brachten sie in den Harem des Palastes. Abram aber, der angebliche „Bruder", wurde reich beschenkt. Für seine schöne „Schwester" bekam er Schafe, Ziegen, Rinder, Kamele, dazu Knechte und Mägde. Wie es Sarai im Harem erging, können wir nur vermuten.

Doch während sie im Harem war und Abram es sich gut gehen ließ, wurden der Pharao und die Menschen im Palast von schrecklichen Plagen heimgesucht. Und sie ahnten: Das muss etwas mit der fremden Schönen zu tun haben.

Gott hatte sich auf die Seite Sarais, der Schweigenden, der Stimmlosen, gestellt und eingegriffen.

Der Pharao stellte Abram zur Rede. Er gab ihm seine Frau zurück und forderte ihn auf: *Nimm sie und geh!* Und er ließ sie mit allem, was Abram inzwischen erworben hatte, außer Landes geleiten. Sarai nahm aus Ägypten ihre Magd mit. Die Magd hieß Hagar. Von ihr wird noch zu erzählen sein.

2 Verheißungen in der Krise (Gen 16,1-16)

Die biblischen Familiengeschichten erzählen von Verheißungen und ihren Gefährdungen. In Gen 16 begegnen wir Menschen in Lebenskrisen und ihren Strategien der Krisenbewältigung. Abram, Sarai und Hagar stehen vor der Frage, was sich als fruchtbar erweist für ihr Leben und für kommende Generationen. Darauf gibt es keine abstrakte, widerspruchsfreie Antwort.

Dauer	*Inhalt und Vorgehen*	*Material*
5'	**Einstieg** *Plenum, Stuhlkreis* Begrüßung und Einführung	
15'	**Einstimmung** *Standorte im Raum (Stühle am Rand)* Umgang mit Krisen	Klangschale
20'	**Textaufnahme** *Plenum, Stuhlkreis* Lt erzählt die Vorgeschichte der Kinderverheißung an Abram (Gen 15,4-5) und liest Gen 16,1-16 vor (evtl. zweimal) Anschließend Raum für Fragen zum Text	Bibel
5'	**Textbeobachtung** *Plenum, Stuhlkreis* Tn entscheiden sich für eine Person aus der Geschichte	4 Stühle 4 Zettel mit Namen
30'	*Gruppenarbeit* • Was bewegt mich als Sarai, Abram, Hagar, Engel zu meinem Verhalten? • Habe ich eine Verheißung für mich gehört? • Welche Bedeutung hat das für mich? Gruppe bespricht, wie sie erzählen möchte	Blatt mit Fragen Bibeln
20'	*Plenum, Stuhlhalbkreis mit „Bühne“* Erzählen der Geschichte aus vier Blickwinkeln	4 Stühle 4 Zettel mit Namen
25'	*Plenum, Stuhlkreis* Gespräch über die Erfahrungen mit den Geschichten • Was ist mir durch die verschiedenen Blickwinkel deutlich geworden?	

	• Was bleibt mir an der Geschichte unverständlich? Wo spüre ich Widerstand? • Was erzählt die Geschichte darüber, wie Verheißungen sich auf Krisen auswirken können? Lt ergänzt mit Informationen zum Text	
15'	**Textverknüpfung** *Einzelbesinnung* Brief an eine Person aus der Geschichte: Ich fühle mich dir in deiner Krise nahe...	Erzählheft
15'	**Abschluss** *Plenum, Stuhlkreis evtl. Erzählort* Lt informiert kurz über die Bedeutung Hagars und lädt ein zur Begegnung mit ihr Meditation am Brunnen des Lebendigen	Tücher, Steine, Schale mit Wasser, Krug, Muscheln ... Musik, Abspielgerät

Kommentar

Ziel dieser Bibelarbeit: Die Erzählung von Abram, Sarai und Hagar und ihren Erfahrungen in der Krise wird mit der eigenen Lebensgeschichte verknüpft. Das Erzählen aus der Sicht der unterschiedlichen Personen macht die verschiedenen, auch widersprüchlichen Blickwinkel im Text deutlich.

Raum und Einrichtung: Schön wäre ein „Ort des Brunnens" für die Schlussmeditation, sie ist aber auch im Stuhlkreis möglich. Für die Gruppenarbeit sind mehrere Räume ideal.

Einstimmung: Zuerst werden die Stühle auf die Seite geschoben. Die Lt führt mit folgenden Worten in das Thema „Umgang mit Krisen" ein:
„Wir alle erleben Krisen in unserem Leben. Es läuft nicht so, wie wir uns das vorgestellt haben. Unsere Erwartungen erfüllen sich nicht, Pläne scheitern, wir geraten in Situationen, die wir nicht wollten und kommen unter Druck. Solche Erfahrungen sind etwas sehr Persönliches. In der folgenden Übung wird es deshalb keinen Austausch darüber geben. Ich lade Sie ein, sich zu erinnern, wann Sie sich einmal in einer Krise befunden haben."
Klangschale schlagen und Ton verklingen lassen
„Wir alle haben verschiedene Umgangsweisen mit Krisen. Jede und jeder hat da seine ganz eigene Strategie. Ich lade Sie ein zu schauen, ob es

einen Umgang mit Krisen gibt, der Ihnen entspricht, eine Strategie, auf die auch Sie immer wieder zurückgreifen."
Die Lt schreitet eine Diagonale durch den Raum ab und bezeichnet nacheinander vier Orte:
1. Anfang der Diagonale: „Bleiben Sie in einer Krise relativ gelassen? Kann Sie nichts so schnell aus der Ruhe bringen? Denken Sie: Es wird schon gut gehen, ich tue einfach, was von mir erwartet wird? Oder neigen Sie dazu Krisen zu ignorieren und keine Verantwortung zu übernehmen? Dann stellen Sie sich hierher."
2. Etwa beim ersten Drittel der Diagonale: „Werden Sie in einer Krise besonders aktiv? Sind Sie bereit, etwas zu riskieren und alles auf eine Karte zu setzen? Sind Sie manchmal von den Folgen Ihres Handelns selbst überrascht, gar erschrocken? Dann stellen Sie sich hierher."
3. Beim zweiten Drittel der Diagonale: „Schaffen Sie sich in einer Krise erst einmal Freiraum? Bringen Sie Distanz zwischen sich und die kritische Situation? Neigen Sie manchmal dazu, zu flüchten? Dann stellen Sie sich hierher."
4. Ende der Diagonale: „Fühlen Sie sich von den drei genannten Umgangsweisen mit Krisen nicht angesprochen? Neigen Sie zu einem ganz anderen Krisenverhalten? Dann stellen Sie sich hierher.
Entscheiden Sie sich für den Ort, der Sie jetzt im Moment am meisten anspricht."
Wenn alle ihren Platz gefunden haben:
„Erinnern Sie sich – solange der Ton der Klangschale erklingt – an eine Krisenerfahrung, die sie gemacht haben, und daran, wie Sie sich verhalten haben. Spüren Sie nach, was diese Erinnerung bei Ihnen auslöst."
Klangschale
„Wir werden uns jetzt mit einer biblischen Erzählung beschäftigen. Ich hoffe, dass Sie die verschiedenen Umgangsweisen mit Krisen dort wieder finden werden."

Textbeobachtung: Die Lt stellt vier Stühle im Raum auf. Auf jedem Stuhl liegt ein Zettel mit einem Namen: Abram, Sarai, Hagar, der Engel. Die Tn gehen nacheinander zu den vier Stühlen, erinnern sich, was diese Person in der Geschichte erlebt und bleiben dort stehen, wohin es sie am meisten zieht. Die Lt weist darauf hin, dass auch Widerstände, die man gegenüber einer Person spürt, ein Grund sein können, diese Person auszuwählen. Tn, die am gleichen Stuhl stehen bleiben, bilden eine Gruppe.
Die folgende Gruppenarbeit soll nicht in erster Linie durch die wortgetreue Arbeit am Bibeltext geprägt sein. Bedeutsam ist das, was die Tn

von der gehörten Geschichte erinnern. Trotzdem kann es bei einzelnen Fragen wichtig sein, nachzuschauen, was wirklich im Text steht. Deswegen bekommt jede Gruppe eine Bibel als Arbeitsmaterial. Die Lt weist darauf hin, dass die Gruppen auch entscheiden sollen, wie sie die Geschichte aus der Sicht ihrer Rolle erzählen: eine Erzählerin bzw. einen Erzähler auswählen, mehrere Personen in der gleichen Rolle erzählen und ergänzen sich.
Die Stühle für das Plenum werden im Halbkreis aufgestellt. Die Gruppen sitzen beieinander. Im freien Raum stehen die 4 Stühle mit den Namen. Die ErzählerInnen aus den Gruppen setzen sich nacheinander auf ihren Stuhl (Personen in der gleichen Rolle stehen um den Stuhl herum). Nachdem alle vier Gruppen ihre Geschichten erzählt haben, wird der Stuhlkreis wieder geschlossen.

Abschluss: Die Meditation findet am besten außerhalb des Stuhlkreises, außerhalb der vertrauten Umgebung, in der Wüste statt. Dort ist mit Tüchern, einer Wasserschale, Steinen, Symbolen etc. ein Brunnen bzw. eine Quelle gestaltet. Der Brunnen kann aber auch die Mitte des Stuhlkreises sein. Die Lt lädt ein, sich am Brunnen nieder zu lassen und spricht zu leiser Musik mit langen Pausen den folgenden Text:
„Du sitzt hier am Brunnen. Lass deine Augen zufallen. Hier fließt frisches, lebendiges Wasser. Wasser, das Leben möglich macht. Der Brunnen ist ein Ort der Begegnung. Hier begegnen sich Menschen. Hier begegnest du dem Geheimnis deines Lebens, der Quelle des Lebens, mit der du verbunden bist. Du bist am Brunnen des Lebendigen. Du bist voller Leben. Spüre deinen Lebensatem, der in dich einströmt. Spüre den Boden, der dich trägt und hält. Vielleicht kannst du auch deinen Herzschlag wahrnehmen. Deine Ohren sind lebendig und hören die Musik. Dein Herz, dein Puls, dein Atem, deine Haut, deine Ohren, alles ist voller Leben. Gott, der Leben ist und Leben gibt, ist bei dir. Er schaut auf dich, wie er auf Hagar in der Wüste geschaut hat. Gott schaut dich an und du gewinnst Ansehen, so wie du gerade bist. Du wirst gesehen mit deinem Weg durchs Leben; auch mit deinen Brüchen, mit Umwegen und Irrwegen; mit Ausbrüchen, mit Flucht und Befreiungen, mit Rückkehr und mit dem Ertragen, was schwer fällt. Gott schaut nach dir. Das Lebendige ist in dir und um dich. Die Verheißung gilt dir."

(Eine Variation wäre: Die Lt tritt als Hagar verkleidet mit einem großen Tuch bzw. Schleier verhüllt auf und spricht einen umformulierten Text: „Ich bin Hagar. Ich bin in die Wüste geschickt worden ...").

Gedanken und Informationen zu Gen 16

Sarai, Abrams Frau, hatte ihm keine Kinder geboren
In der Welt des Alten Orients waren Kinder, v. a. Söhne, der Inbegriff der Lebenshoffung. Im Sohn lebte der Vater und sein Name weiter, er führte das Erbe, das ihm zufiel, weiter. Ein Sohn war die eigene Altersversicherung, da er und seine Familie für die Eltern sorgen würden. Unfruchtbarkeit war deshalb ein besonders großes Problem. Die Ursache dafür wurde in erster Linie bei den Frauen gesucht.

„Vielleicht komme ich durch sie zu einem Sohn"
Dass Sarai Abram vorschlägt, mit ihrer Magd ein Kind zu zeugen, ist eine im Alten Orient häufig anzutreffende Praxis: Eine kinderlose Frau konnte ihre Magd als „Leihmutter" benutzen. An anderen Stellen der Bibel findet sich dafür der Ausdruck „Gebären auf den Knien" der Hauptfrau. Ein solches Kind galt dann rechtlich als von der Herrin geboren. Es handelte sich um eine gesellschaftlich und gesetzlich legitimierte Praxis der Adoption, die durch den Akt der Namensgebung (Gen 16,15) gültig wurde. Der erstgeborne Sohn, den der Ehemann mit der Magd seiner Frau zeugte, galt als legitimes Kind mit allen Rechten, auch dem Erbrecht.

Meine Magd – deine Magd
Zunächst ist Hagar im Besitz Sarais (Gen 16,1). Dann überlässt Sarai sie Abram als Leihmutter (16,3). Danach und als die Dinge anders laufen, als sie erwartete, kann sie nicht mehr direkt auf sie einwirken. So ruft sie Gott an („Der Herr entscheide zwischen dir und mir" 16,5), um vor Abram als Familienoberhaupt einen Rechtsstreit zu eröffnen. Abram entscheidet den Fall, indem er Hagars Sonderstellung wieder aufhebt. Die Formulierung „Hier ist deine Magd; sie ist in deiner Hand. Tu mit ihr, was du willst" (16,6) ist Teil der damaligen Rechtsprache und stellt Hagars ursprünglichen Status wieder her.

Flucht einer Sklavin
Im Alten Orient waren für Sklavenflucht und Fluchthilfe strengste Strafen angedroht. In biblischen Gesetzen wird dem nicht grundsätzlich widersprochen, es gibt allerdings einige Einschränkungen (z. B. Dtn 23,16; Ex 21,7-11). Gen 16 allerdings geht in seiner Solidarität für die geflohene Sklavin weit über diese Bestimmungen hinaus.

Die Bedeutung Hagars in der Bibel

Hagar ist die zentrale Akteurin in dieser Geschichte. Darüber hinaus nimmt sie eine besondere Stellung innerhalb der Bibel ein. Sie ist die erste Person, der eine Begegnung mit einem Boten Gottes zuteil wird, und die erste, die dem Gott, der sich offenbart, einen Namen gibt. Außerdem ist die Hagargeschichte sprachlich und inhaltlich eng mit anderen Bibelstellen verwoben:

- Mit der Exodusgeschichte (s. u.)
- Mit der Verheißung zahlreicher Nachkommen an Abraham (Gen 13)
- Mit der Verkündigung an Maria im Lukasevangelium (1,26-38)

In der Parallelgeschichte Gen 21, die im Exil entstand (s. u.), verkörpert Hagar die Hoffnung für das Volk Israel, dass sich Gottes Erbarmen in Moment der höchsten Not zeigen wird.

Gen 16,9 und die Geschichte des Textes

Dass der Engel die geflohene Sklavin Hagar in Gen 16,9 auffordert, zurückzukehren und die harte Behandlung ihrer Herrin zu ertragen, befremdet. Vermutlich gehörte 16,9 allerdings nicht zur ältesten Fassung der Geschichte. Die älteste Fassung der Geschichte (16,1-2.4-8.11-14) erzählte noch von einer Befreiung und war inhaltlich und sprachlich eng mit der Exodusgeschichte verknüpft. So wird dreimal der Ausdruck „drücken/Druck" (hebr. *anah*) verwendet, was die Einheitsübersetzung leider nicht deutlich macht: „Da drückte Sarai sie. Sie aber entfloh ihr" (16,6); „Kehre zu deiner Herrin zurück und drücke dich unter ihre Hände" (16, 9); „Denn erhört hat Gott deinen Druck" (16,11). Dies erinnert an die Situation des Volkes Israel in Ägypten (Ex 1,11f) und die Berufungsgeschichte des Mose: „Gesehen habe ich ... die Bedrückung meines Volkes, das in Ägypten ist" (Ex 3,7). Diese älteste Fassung der Geschichte stammt aus der vorexilischen Zeit. Sie macht deutlich, dass Israel selbst zu Ägypten werden kann. Die Botschaft wird durch das Mittel der Rollenumkehrung dramatisch gesteigert: die ägyptische Sklavin flüchtet aus dem Stammhaus Israels.

Während bzw. kurz nach dem Exil entstand eine priesterschriftliche Variante der Geschichte. Es ist die Geschichte des sozialen Aufstiegs einer Ausländerin und endet in einer Familienidylle. Zum priesterschriftlichen Text gehören die Verse Gen 16,3 sowie 16,15-16. Erst in nachexilischer Zeit wurden die beiden Texte zusammengefügt.

Ebenfalls im Exil oder kurz danach entstand eine dritte Variante der Geschichte, die wir heute in Gen 21 vorfinden. Die nachexilische Bearbeitung hat dann den befremdlichen Vers 16,9 in die erste Geschichte eingefügt, um Genesis 21 möglich zu machen.

3 Wenn Fremde kommen und Wünsche in Erfüllung gehen (Gen 18,1-15)

Die biblischen Familiengeschichten erzählen von Begegnungen mit Fremden und von Gastfreundschaft. Die Begegnung mit Fremden führt zu neuen Begegnungen mit dem eigenen Gott, der geheimnisvoll und fremd bleibt und immer für eine Überraschung gut ist. Die Geschichten erzählen von menschlichen Reaktionen auf die Erfüllung sehnlicher, aber unrealistischer Wünsche.

Dauer	*Inhalt und Vorgehen*	*Material*
5'	**Einstieg** *Plenum, Stuhlkreis* Begrüßung und Einführung	
10'	**Einstimmung** *Plenum, Stuhlkreis oder Erzählort* Eine alte Beduinenfrau erzählt	M 2 Evtl. Dia und Projektor
15'	**Textverknüpfung: Gastfreundschaft** *Gruppenarbeit* Die Tn erzählen von Erfahrungen als Gast oder wie sie Gastfreundschaft erlebten: • Was hat mir gefallen? • Was haben meine GastgeberInnen durch ihre Gastfreundschaft von sich gezeigt?	
10'	**Textaufnahme** *Plenum, Erzählort* Lt liest oder erzählt Gen 18,1-15	Bibel
25'	**Textbeobachtung** *Plenum, Stuhlkreis* • Wie erzählt der Text von der Gastfreundschaft Abrahams und Saras? • Wissen/ahnen die beiden, wer bei Ihnen zu Besuch ist? • Wie wirkt der Text auf Sie? Welche Atmosphäre erzeugt er? • Hat Gastfreundschaft etwas mit Ihrer Vorstellung von Gott zu tun?	
10'	**Textverknüpfung: Lebenswünsche** *Zweierübung* Die Tn sagen sich zu: „Dein sehnlichster Wunsch wird in Erfüllung gehen"	

15'	*Einzelbesinnung* Die Tn erzählen sich selbst von ihrem sehnlichsten Wunsch und was die eben gehörte Zusage ausgelöst hat	Erzählheft, Stifte
10'	**Textaufnahme** *Plenum, Stuhlkreis oder Erzählort* Die alte Beduinenfrau erzählt weiter	M 3 Evtl. Dia und Projektor
20'	**Textbeobachtung** *Plenum, Stuhlkreis* Die Lt liest die Bibelstellen über das Lachen Saras (18,9-15; 21,1-7) und Abrahams (17,15-17) vor. Leitfragen für Gespräch: • Wie wirkt das Lachen Saras auf Sie? • Wie das Lachen Abrahams? • Was löst die Frage „Ist bei Gott etwas unmöglich?" bei Ihnen aus?	Bibel
30'	**Abschluss** *Plenum* Festmahl mit Brot und Wein Dazu evtl. die Geschichte von „Philemon und Baucis"	Brot, Wein, Trauben...

Kommentar

Ziel dieser Bibelarbeit: Die biblische Erzählung wird mit eigenen Erfahrungen mit Gastfreundschaft und mit eigenen Lebenswünschen verknüpft. Die Beobachtungen am Text eröffnen Raum für die Frage, was Begegnungen mit Fremdem, scheinbar unrealistische Wünsche und Lachen mit der Vorstellung von Gott zu tun haben.

Raum und Einrichtung: Für die Zweierübung muss der Raum eine gewisse Größe haben.

Textverknüpfung – Gastfreundschaft: Es bilden sich Gruppen von 3-4 Personen. Die Tn entscheiden selbst, mit wem sie in einer Gruppe sein wollen. Die Lt lädt ein, sich für möglichst unbekannte Tn zu entscheiden. Die Gruppen bleiben im gleichen Raum. Über die Gruppengespräche findet kein Austausch im Plenum statt.

Textbeobachtung: Bei beiden Textbeobachtungen ist weniger die detailgenaue Arbeit am Bibeltext wichtig, als das, was die Tn gehört haben und erinnern. Deswegen empfehlen wir nur mit einer Bibel in der Hand der Lt zu arbeiten, damit evtl. Unsicherheiten durch Nachlesen geklärt werden können, aber sich nicht alle Tn in ihre Bibeln versenken.

Textverknüpfung – Lebenswünsche: Zuerst werden die Stühle weggeräumt. Die Tn suchen sich nach Sympathie eine Partnerin/einen Partner. Die Lt unterstützt sie dabei bzw. bietet sich selbst an, wenn es nicht aufgeht. Die Lt weist darauf hin, dass die Erfahrungen bei der Übung nicht ausgetauscht werden. Die beiden Personen stehen sich im Abstand von ca. 2 m gegenüber und halten genügend Abstand zu den anderen Zweiergruppen. Eine Person sagt dreimal den Satz: „Dein sehnlichster Wunsch wird in Erfüllung gehen" und lässt zwischendurch genügend Zeit, dass die hörende Person der Wirkung des Satzes bei sich nachspüren kann. Anschließend Wechsel.

Abschluss: Das Festmahl, am Besten als Buffet vorbereitet, sollte einfach sein, so dass alle mitfeiern können und nicht jemand kochen oder auftragen muss. Aber es sollte gastfreundlich und großzügig wirken.

Zum Essen kann die Geschichte von „Philemon und Baucis" vorgelesen oder erzählt werden, die eine große Ähnlichkeit mit Gen 18 aufweist:
Es kann davon ausgegangen werden, dass im alten Orient und der Antike verschiedene Erzählungen über Ideal und Wirklichkeit der Gastfreundschaft existierten und auf die biblische Erzählung Einfluss hatten. Das bekannteste Beispiel ist sicherlich die Geschichte von „Philemon und Baucis", die der römische Dichter Ovid (43 v. Chr. - 17 n. Chr.) überliefert. Darin mischen sich Zeus und sein Sohn unter die Menschen, um ihre Gastlichkeit zu erforschen. An „tausend Türen" werden sie von den „selbstsüchtigen" Bewohnern abgewiesen – nur Philemon und Baucis, ein altes, armes Paar mit einer kleinen Hütte empfangen die Gäste und bereiten ihnen ein Festmahl. Hinterher belohnen die Gäste die beiden. Sie verwandeln ihre Hütte in einen Tempel und das alte Paar in heilige Bäume. „Ehre wird denen zuteil, die Ehre erweisen" lautet der Schlusssatz der Sage. Der Text ist zu finden bei: Gustav Schwab, Sagen des klassischen Altertums, Wien 1974, oder im Internet unter: http://gutenberg.spiegel.de/schwab/sagen/sch3715.htm

Gedanken und Informationen zu Gen 18

Die fremden Besucher
Zunächst spricht der Text ausdrücklich von 3 Männern (18,2). Abraham redet aber nur einen an: „Mein Herr, wenn ich dein Wohlwollen gefunden habe..." (18,4). Auch später wechselt die Erzählung mehrfach vom Singular in den Plural und zurück. Und in Gen 19, der Fortsetzungsgeschichte, sind es plötzlich nur noch zwei Boten, die nach Sodom kommen. Möglicherweise wurden hier verschiedene, zunächst getrennt überlieferte Geschichten im Laufe der Zeit miteinander verbunden.
Die Dreizahl der Besucher hat in der Auslegungsgeschichte des Textes viele Spekulationen hervorgerufen, etwa die, dass die beiden Boten in Gen 19 Gottes Ehrengeleit bildeten. Viele christliche Bibelausleger hielten sie für eine Anspielung auf die Lehre von der Dreifaltigkeit. Besonders in der russischen Ikonenmalerei wurde die Szene oftmals als Ausdruck der Dreifaltigkeit dargestellt.
Abrahams Anrede in 18,4 ist übrigens die typische Redeeröffnung, die auch von Mose verwendet wird, wenn er mit Gott spricht (z. B. Ex 33,12-17). Ob darin zum Ausdruck kommt, dass Abraham die Göttlichkeit des Besuches erkannt hat oder ahnt, hält der Text aber offen.

Gastfreundschaft
Im Alten Orient gab es für den Empfang von Gästen ein geradezu feierliches Zeremoniell, das unser Text aufnimmt. Abrahams Verhalten als Gastgeber soll als vorbildliche Gastfreundschaft gezeigt werden. Dafür zieht der Text alle Register orientalischer Erzähltechnik. Zunächst untertreibt Abraham höflich und spricht von ein wenig Wasser zum Füßewaschen und einem Bissen Brot. Dann beginnt er eine Menge hektischer Aktivitäten, er läuft und eilt und treibt auch seine Frau und die Knechte zur Eile an. Die Menge des Mehles, drei Sea, ist nicht mehr genau bestimmbar, es handelt sich aber auf jeden Fall um eine ungeheuer große Menge (manche AutorInnen schätzen 22-40 kg). Auch die Zubereitung eines Kalbes geht weit über das als normal erwartete Verhalten hinaus.
Die Gastfreundschaft gegenüber Unbekannten im Alten Testament findet sich wieder in dem, was später unter „Nächstenliebe" verstanden wurde, der liebevollen Hinwendung zum Fernsten, der vom unbekannten Fremden zum Nächsten wird (vgl. das Gleichnis vom barmherzigen Samariter Lk 10). Der Hebräerbrief spielt auf Abraham und Sara an, wenn er über die Gastfreundschaft sagt: „...durch sie haben einige, ohne es zu ahnen, Engel beherbergt" (Hebr 13,2). Und auch die Em-

mauserzählung (Lk 24) ist mit Fäden aus Gen 18 gewoben: die gastfreundliche Aufnahme eines Fremden führt zu neuer Gotteserkenntnis. Gen 18 zeigt auch deutliche Parallelen zu anderen antiken Erzählungen über Gastfreundschaft wie „Philemon und Baucis“ (s. o.).

Wo ist deine Frau Sara?

Sehr ungewöhnlich für den altorientalischen Kontext ist die direkte Frage der Besucher nach Abrahams Frau in Gen 18,9. Damit wird die Aufmerksamkeit für den gesamten zweiten Teil des Textes (18,9-15) auf Sara gelenkt. Sie ist die Mutter des Sohnes der Verheißung. Ihr Verhalten angesichts der Verheißung wird nun wichtig. Gen 18 schildert ausführlich die Reaktionen Saras. Immer mehr wird sie direkt ins Gespräch einbezogen. Zunächst spricht der Besucher mit Abraham über Sara. Dann legt er Saras Gedanken offen, und schließlich stehen Sara und er in direkter Kommunikation über ihr Lachen.

Isaak – das Lachen Gottes

Es wird viel gelacht rund um die Ankündigung der Geburt Isaaks. Zunächst lacht Abraham als Gott ihm, dem Hundertjährigen und Sara, der Neunzigjährigen, die Geburt eines Sohnes verheißt (Gen 17,17). Dann lacht Sara still in sich hinein, als sie im Zelt hört, wie die fremden Besucher von ihrer Niederkunft übers Jahr sprechen (Gen 18,12). Saras Lachen und ihre Gedanken dabei sind Auslöser eines Gespräches über das Lachen, das nicht einer gewissen Situationskomik entbehrt, weil es zunächst über Abraham abläuft, während Sara hinter den Kulissen bleibt, und dann immer direkter wird. Dieses Lachen steht in Verbindung mit der volkstümlichen Deutung des Namens *Isaak*, hebräisch *Jizchak*, als Kurzform von *Jizchak-El*: „Gott möge lächeln, gnädig sein“ bzw. „Gott hat gelächelt, sich gnädig erwiesen.“
Saras Lachen wurde in der christlichen Auslegungsgeschichte dieses Textes mehrheitlich negativ gedeutet. Viele Exegeten werteten das Lachen – anders als das von Abraham in Gen 17 – als Zeichen ihres Unglaubens ab. Feministische Bibelauslegungen erkennen dagegen das befreiende Potential des Lachens und entdecken Saras Lachen als leiblichen Ausdruck von Gotteslob, als Dankeshymne für eine göttliche Kraft, der nichts unmöglich ist, auch wenn alle Realitäten dagegensprechen.

M 2 • Eine alte Beduinenfrau erzählt (Erzählvorlage 1 zu Gen 18,1-15)

Als Dia, das helfen kann, sich den Hintergrund besser vorzustellen, eignet sich ein Bild vom judäischen Bergland (in Diaserien zum Heiligen Land zu finden)

„Ich sitze auf einem Hügel im Gebirge Juda. Der Ort heißt Hebron. Ich bin vor vielen Jahren mit Abraham und Sara hierher gekommen. Unsere ganze Sippe hat sich hier niedergelassen. Ich kenne hier jeden Menschen, jedes Haus, jede Ecke, jeden Strauch. Weit herum ist alles braun und grau: braune, ausgetrocknete Erde und grauer Kalkstein. In Richtung Sonnenaufgang und Mittag ist hügelige Wüste. Und dort, wo die Sonne untergeht, ist das große Meer.

Seht ihr dort das grüne Wäldchen? Steineichen, die der Hitze und der Trockenheit trotzen. Es sind uralte Bäume, von unbändiger Lebenskraft erfüllt. Schon seit urdenklichen Zeiten ist dieses Wäldchen bekannt. Die Menschen früherer Zeiten haben die Bäume als Zeichen für Fruchtbarkeit und Leben verehrt. Viele Geschichten ranken sich um diesen Ort.

Auch wir haben vor kurzem unter diesen Bäumen etwas erlebt, aus dem ein Geschichtenerzähler eine wunderbare Geschichte machen könnte. Es war zur Zeit der Mittagshitze, Abraham saß am Eingang seines Zeltes und ruhte sich aus, als plötzlich drei Männer erschienen. Gastfreundschaft ist bei uns sehr wichtig und Abraham erwies sich als guter Gastgeber. Wie es Brauch ist, hat er sich vor den Gästen niedergeworfen und sie eingeladen. Dann ließ er Wasser für ihre Füße holen. Aber was dann kam, das war doch ein wenig übertrieben. Er lief und eilte und trieb alle an, damit die Gäste aufs Beste bewirtet würden. Sicher, es ist höflich, nur von einer „kleinen Stärkung" und einem „Bissen Brot" zu sprechen und dann an nichts zu sparen, damit es den Gästen schmeckt. Aber ich konnte kaum glauben, als er Sara aufforderte, drei Sea feines Mehl zu mahlen. Drei Sea! Das muss man sich vorstellen, davon wird eine Familie eine Woche lang satt. Abraham ließ sogar ein Kalb für die Gäste schlachten! Er muss wohl irgendwie geahnt haben, dass es mit diesen Fremden eine besondere Bewandtnis hatte. Welche? Davon werde ich euch später erzählen.

Seither fasziniert mich dieser Ort noch mehr. Wenn ich im Schatten dieser alten Bäume sitze und in ihren mächtigen Zweigen den Wind rauschen höre, dann spüre ich: das sind nicht nur Bäume, hier waltet eine gnädige Macht, hier erfährt man die verborgene Tiefe der Welt."

M 3 • Eine alte Beduinenfrau erzählt (Erzählvorlage 2 zu Gen 18,1-15)

„Wir leben hier in einer Großfamilie: Großeltern, Eltern, Onkel, Tanten und Geschwister. Wir haben Ziegen und Schafe. Die Kinder, vor allem die Söhne, sind unser Reichtum. Eine Sippe ohne Kinder ist wie ein sterbender Baum. Wehe der Ehefrau, die keine Kinder gebiert! Mit dieser Schande möchte ich nicht leben. Sara aber hat jahrelang damit leben müssen. Klar, da gibt es den Ismael, den Sohn, den Abraham mit der Hagar hat, aber er und Sara haben sich immer gemeinsame Kinder gewünscht. So viele Jahre haben sie gewartet und gehofft. Aber die Hoffnung hat sich nicht erfüllt. Eigentlich war es allen hier klar, dass sie sich auch nicht mehr erfüllen wird, weil die beiden jetzt einfach zu alt dafür sind. Vor allem Sara ist doch längst über das Alter hinaus, in dem eine Frau Kinder bekommen kann. Aber dann haben die drei Männer, die fremden Besucher, davon gesprochen, dass Sara übers Jahr ein Kind bekommen würde, einen Sohn. Eigentlich habe ich nicht daran geglaubt, dass diese Zusage wirklich eintreten würde. Nur manchmal, wenn ich am heißen Mittag im Schatten dieser Eichen saß und ihre unbändige Lebenskraft spürte, dann stieg in mir eine leise Hoffnung auf.

Und das Unmögliche ist geschehen, Sara ist schwanger geworden und hat einen Sohn bekommen. Die Freude war unermesslich. Isaak haben sie ihn genannt. Mit diesem Namen hat es eine besondere Bedeutung, wir geben unseren Kindern nicht beliebige Namen. Der Name eines Kindes drückt etwas von seinem Wesen aus. Manchmal erinnert der Name auch an etwas Besonderes, das mit diesem Kind verbunden ist. Isaak bedeutet „er lacht". Es wurde viel gelacht während dieser Schwangerschaft und nach der glücklichen Geburt. Vor allem Sara lachte. Sie wollte, dass sich die ganze Welt mit ihr freut und mit ihr lacht. „Gott ließ mich lachen" sagte sie immer wieder. Und sie erinnerte sich daran, dass sie auch lachte, als die fremden Besucher ihr, der alten Frau, die Geburt Isaaks ankündigten. Damals erschien es ihr unmöglich. Schließlich erzählte auch Abraham, dass er einmal wegen Isaak gelacht hatte. Das war kurz vor dem Besuch der drei Männer gewesen. Wie genau er vorher schon von Isaak erfahren haben konnte, weiß ich nicht. Abraham sagt, Gott hätte zu ihm gesprochen und ihm und Sara einen Sohn verheißen. Da hätte er gelacht, weil es ihm unmöglich erschien.

Über all dieses Lachen gäbe es viele Geschichten zu erzählen, aber ich muss mich jetzt auf den Heimweg machen, bevor es dunkel wird."

4 Abraham muss seinen Sohn opfern (Gen 22,1-14)

Die biblischen Familiengeschichten erzählen auch von schweren, schrecklichen und unverständlichen Erfahrungen. Gerade davon fällt es nicht leicht, zu erzählen. Deshalb brauchen solche Erzählungen oft lange Zeit des Durchdenkens, bevor sie zu Gehör gebracht werden können. Eine solche Geschichte ist in Gen 22 überliefert.

Dauer	*Inhalt und Vorgehen*	*Material*
5′	**Einstieg** Die Lt gibt kurze Hinweise zur Bedeutung dieser Erzählung	
10′	**Textaufnahme** Evtl. ein paar Takte ernster Musik vorab Die Lt liest die Geschichte in einer sehr wörtlichen Übersetzung vor (M 4).	Evtl. Abspielgerät, Musik M 4
25′	**Textbeobachtung** *Plenum* Erste Reaktionen der Tn, unkommentiert *PartnerInnenarbeit* • Wie wirkt die Erzählung heute auf mich? Erschreckt oder belastet sie mich? Macht sie mich betroffen? • Fehlt mir etwas an der Geschichte? • Gibt es für mich Ungereimtheiten? • Was ist für mich die Pointe der Geschichte?	M 4
15′	*Plenum* Die Lt nimmt die Fragen aus der PartnerInnenarbeit auf und ergänzt durch Informationen über die mehrschichtige Bedeutung des Textes	
30′	**Textverknüpfung 1:** *Plenum* Symbole wählen: • Was konkret bin ich bereit zu opfern? Symbol auf den „Altar" legen und sich fragen: • Wie geht es mir damit? Austausch: • Was ist mir bei dieser Übung bewusst geworden? • Was davon möchte ich mitteilen?	Plakate oder Flipchart, Symbole, Zettel, „Altar" (Tücher, Stricke oder Ketten als Dekoration)

20′	**Textverknüpfung 2** *Einzelarbeit* Die eigene „Opfergeschichte" aufschreiben	Erzählheft
20′	*Austausch im Plenum* Wer möchte, kann seine Geschichte vorlesen	
25′	**Ausklang** *Besinnung im Plenum:* • Wer ist mir in schlimmen Situationen schon zum rettenden Engel geworden?	

Kommentar

Ziele dieser Bibelarbeit: Einen Zugang finden zu dieser abgründigen Geschichte. Verschiedene Facetten des Textes in den Blick bekommen. Über dunkle Seiten des Lebens miteinander ins Gespräch kommen.

Raum und Einrichtung: Ein großer Raum mit einem Stuhlkreis und gestalteter Mitte genügt.

Einstieg: Mit diesem Text sind für viele Menschen ungute (Kindheits-) Erinnerungen verbunden. Diese vermuteten Vorerfahrungen sollen in einer kurzen Einführung angesprochen werden:
„Die Erzählung, mit der wir uns jetzt befassen wollen, zählt gewiss zu den abgründigsten Texten der ganzen Bibel, und sicher haben auch manche von Ihnen Mühe damit. Sie wurde in der christlichen Bibel oft mit dem irreführenden Titel ‚Isaaks Opferung' überschrieben. Heute wird sie neutraler ‚Abrahams Opfer' genannt. Die Juden sprechen präziser von der ‚Bindung Isaaks'. Die Geschichte bleibt, bei aller Mühe um eine treffende Auslegung, eine Herausforderung. Es ist nicht möglich, mit ihr fertig zu werden. Nicht nur die Rolle Gottes in der Geschichte ist äußerst fragwürdig, sondern auch die Rolle Abrahams. Der Austausch unserer eigenen Lebenserfahrungen kann aber vielleicht dazu beitragen, einen Schlüssel zum Verständnis des Textes zu finden."

Textaufnahme: Zum Vorlesen der Geschichte sollte eine gute Atmosphäre des Zuhörens, der inneren Stille herrschen. Dabei können ein paar Takte ernster Musik (z. B. Cellosonate) helfen.
Der zum Vorlesen vorgeschlagene Text (M 4) ist eine sehr wortgetreue Übersetzung der biblischen Erzählung. Weil es bei einem so heiklen Text auf jedes Wort ankommt, wird von freiem Erzählen abgeraten.

Textbeobachtung: Den Tn soll für ihre Reaktionen auf den Text im Plenum genügend Zeit gegeben werden. Dann sollen sie in PartnerInnenarbeit versuchen, gemeinsam im Verständnis weiter zu kommen. Dazu wird der Text (M 4) in die Hand gegeben.

Textverknüpfung 1: Auf Plakaten oder Flipchart stehen Sätze wie:
Und Gott sprach: Gib mir Deine Freizeit ...
Und Gott sprach: Gib mir Deine Familie ...
Und Gott sprach: Gib mir Deinen Schlaf ...
Und Gott sprach: Gib mir Deinen Stammtisch ...
Und Gott sprach: Gib mir Deine Freundschaften ...
Und Gott sprach: Gib mir Dein ganzes Geld ...
Und Gott sprach: ...
Lt stellt die Frage: „Kenne ich Dinge, Angelegenheiten, Tätigkeiten, die mir so wichtig sind, dass ich auch etwas dafür ‚opfern' würde?"
Die Tn sollen sich für das, was sie „opfern" würden, eines der bereitgelegten Symbole wählen: Uhren, Kopfkissen, Bierkrug, Briefe, Münzen, ... Wer keines findet, kann sein „Opfer" auch auf bereitgelegten Zetteln notieren.
Das „Opfern" auf dem symbolisch vorbereiteten „Altar" ist sicher für viele mit starken (negativen) Gefühlen verbunden. Von der Lt erfordert dies die nötige Sensibilität dafür, was jemand mitteilen möchte oder eben nicht.

Textverknüpfung 2: Vermutlich fällt es manchen leichter, ihre Gedanken dem Erzähltagebuch anzuvertrauen. Das hilft auch noch einmal zur eigenen Klärung des Erlebten.

Ausklang: Der Bote Jahwes bewahrt Abraham davor, sein Kind zu opfern. Am Ende der Bibelarbeit soll den Tn Zeit gegeben werden, über ähnliche „Engel"-Erfahrungen in ihrem eigenen Leben nachzudenken und sich eventuell darüber auszutauschen:
- Wer hat mich schon einmal gerade noch rechtzeitig vor etwas Schlimmem bewahrt, das ich zu tun vorhatte?
- Wer hat mir schon die Augen für richtiges Handeln geöffnet / die Richtung gewiesen?
- Inwiefern haben solche Erfahrungen für mich etwas mit Gott bzw. seinen Engeln zu tun?

Informationen zu Gen 22

Und es war nach diesen Begebenheiten, da prüfte Gott Abraham ...
Was ganz am Anfang der Geschichte steht, ist eigentlich erst von ihrem Ende her verständlich. Nur wir als Leserinnen und Leser erfahren es vorab: Dass die nun folgende Geschichte die einer „Prüfung" Abrahams sei. Allerdings ist dies keine Aussage darüber, wie Gott ist, nämlich ein „prüfender" Gott. Die Bibel ist kein Buch, in dem wir erfahren könnten, wie Gott *ist*. Es wird vielmehr erzählt, wie der oder die Betroffene Gott erlebt, ihn *erfährt*. Von einer bestandenen Prüfung oder einer bewältigten Feuerprobe kann nur der/die Betroffene selbst sprechen – und das auch nur hinterher. Dass Abraham diese Bewährungsprobe schließlich bestehen würde, konnte er vorher nicht wissen. Vielleicht ist es ihm selbst erst viel später aufgegangen, inwiefern diese Geschichte etwas mit Gott zu tun hatte, und inwiefern es eine „Prüfung" für ihn war. Wir haben also bereits ein „Vorwissen", das Abraham so nicht haben konnte.

Und Gott sagte ...
Die Bibel spricht sehr selbstverständlich davon, dass Gott zum Menschen spricht. Allerdings war es noch nie einfach, diese Stimme auch zu hören. Dass Gott zu uns redet, merken wir nämlich oft gar nicht. Und was wir manchmal für die „Stimme Gottes" halten, entpuppt sich später als etwas ganz anderes. Und so manches Mal merken wir erst viel, viel später, wenn es längst vorbei ist, dass Gott am Werk war, dass er uns etwas sagen wollte. Das war bei Abraham sicher auch nicht anders. Nur: Abraham hat – und das macht ihn zum „Vater des Glaubens" – noch in ganz anderer Weise als wir heute mit dem Dasein Gottes gerechnet, er „hatte ein Ohr" für Gott und das, was Gott von ihm wollte. Das macht ihn zum „Vater des Glaubens".

Nimm deinen Sohn, deinen einzigen ...
Aufgebrochen mit der Verheißung „Vater vieler Völker" (Gen 17,5) zu werden, muss Abraham erkennen, dass seine Frau unfruchtbar ist. Und als ihm in hohem Alter doch noch der ersehnte Sohn geschenkt wird, wird dieser nun zurückverlangt. Wie innig das Verhältnis zwischen Vater und Sohn ist, sehen wir in unserer Geschichte daran, dass Isaak elfmal ausdrücklich „mein (bzw. sein) Sohn" genannt wird und Abraham „mein (bzw. sein) Vater". Dazu wird mehrmals die „Einzigkeit" des Sohnes betont.

und geh in das Land Morija ...
Die Bezeichnung „Land Morija" ist geheimnisvoll, denn dieses Land ist sonst in der Bibel nirgends bezeugt. Erst in einer sehr viel späteren Schrift wird der Name auf den Tempelberg bezogen (2 Chr 3,1). In unserem Text finden sich zwei Wortspiele mit dem Namen des Ortes: „Jah(we) sieht" und „Jah(we) lässt sich sehen". Beide klingen im Hebräischen entfernt an *Mori-Jah* an.

Lass ihn dort aufsteigen als ein Brandopfer...
Wie soll ein Vater auf die Idee kommen, seinen Sohn zu opfern? Und dazu noch in der Überzeugung, damit Gottes Willen zu erfüllen?

Kinderopfer in Israel?
Menschenopfer scheint es nicht nur im Umfeld Israels, sondern auch in Israel selbst lange Zeit gegeben zu haben. In extremen Krisensituationen versuchte man die Gottheit milde zu stimmen, indem man ihr das Kostbarste opferte, das man besaß, das eigene Kind.
Nur: Kindesopfer werden quer durch die Bibel strengstens verurteilt (Ez 16,36; Hos 13,2 u. ö.; einzige Ausnahme: Ri 11,30-40)! So sagt z. B. das Buch Deuteronomium im Zusammenhang mit der Landnahme: „Wenn du dem Herrn, deinem Gott, dienst, sollst du nicht das Gleiche tun wie sie [d. i. die anderen Völker des Landes] ... Sie haben sogar ihre Söhne und Töchter im Feuer verbrannt, wenn sie ihren Göttern dienten." (Dtn 12,31) Und im Buch Jeremia heißt es mehrmals ausdrücklich, Gott habe „Söhne und Töchter im Feuer zu verbrennen (...) nie befohlen" und solches sei ihm auch „niemals in den Sinn gekommen" (Jer 7,31; 19,5; 32,35). Dass der Prophet dies ausdrücklich betonen muss, heißt indirekt, dass es auch in Israel Menschenopfer gegeben hat.

Wenn Abraham sich also anschickt, seinen Sohn zu opfern, konnte er das wie noch die Zeitgenossen Jeremias durchaus als Willen Gottes verstanden haben. Er hat sich dann eben „getäuscht", wenn er meint, er müsse Gott sein Kind opfern. Die Aussage, Gott selbst habe ihm die Anweisung zum Sohnesopfer gegeben, kann man nur als (sehr gewagte!) Spitzenaussage und Endergebnis theologischen Nachdenkens verstehen: Abraham erkennt (später!) als tieferen Sinn dieser Krise, die seinen Sohn fast das Leben gekostet hat, dass ihm so ein für alle Mal klar gemacht worden sei, dass sein Gott keine Menschenopfer will. Abraham würde im Nachhinein sagen, er habe erst durch diese Krisenerfahrung gelernt, was Gott wirklich von ihm will.

Am dritten Tag ...

Der „dritte Tag" bezeichnet in der biblischen Überlieferung den Tag der (möglichen) „Wende" (vgl. Jona 2,1; Hos 6,2; Mt 12,40; 16,21 u. ö.). Verstreicht die Frist von drei Tagen, besteht nach menschlichem Ermessen keine Hoffnung mehr (vgl. Joh 11,39).

erhob Abraham seine Augen und sah ...

Das Erheben der Augen bezeichnet nicht nur eine Körperhaltung, sondern hat theologische Bedeutung. Wer die Augen (zu Gott) „erhebt", bekommt den Blick frei und vermag Dinge zu sehen, die ihm/ihr sonst entgangen wären. In Gen 22 begegnet diese Formulierung noch ein zweites Mal: bei der „erlösenden" Entdeckung des Widders (V. 13).

und band Isaak ...

Daher heißt unsere Erzählung in der jüdischen Überlieferung „Bindung Isaaks". Jahwe aber ist der Gott, der keine Fesseln will, sondern sein Volk „(er)löst" – aus jeder Knechtschaft.

Tue ihm nichts!

Ein „Bote Jahwes" unterbricht das grausige Geschehen. Ist das noch der selbe Gott, der Abraham die Opferung angewiesen hatte? Oder hat Gott es sich anders überlegt? Drei Beobachtungen:

- Bisher war immer von „Gott" die Rede gewesen. Im entscheidenden Augenblick aber fällt sein Name: „Jahwe". Es ist nicht mehr irgend ein „Gott", der spricht, sondern der befreiende Gott vom Sinai (Ex 3,14).
- Der Auftrag Gottes hatte gelautet, Abraham solle seinen Sohn „aufsteigen lassen als Brandopfer". Von „Schlachten" (V. 10) war nicht die Rede gewesen. Ein Missverständnis?
- „Gott" hatte direkt zu Abraham gesprochen. Jetzt spricht ein Bote (eine Botin?) Jahwes. Es ist auffällig, dass die BotInnen Jahwes in den biblischen Erzählungen den Adressaten stets bekannt zu sein scheinen (vgl. die Hagargeschichte in Gen 16). Womöglich war es auch hier ein Bekannter Abrahams, der das Schlimmste verhindert. Oder gar seine Frau, die viele in dieser Erzählung so schmerzlich vermissen? „Dich hat der Himmel geschickt", würden wir heute sagen.

Und Abraham erhob seine Augen und sah einen Widder...

Nun vermag Abraham den Widder zu sehen, der sich „zufällig" (wie Gott uns eben manches „zufallen" lässt) im Gestrüpp verfangen hat. Gott bietet ihm, dem Opferwilligen, eine Alternative.

M 4 • Genesis 22,1-14

Und es war nach diesen Begebenheiten, da prüfte Gott Abraham.
Und er sprach zu ihm: „Abraham!"
Der sprach: „Da bin ich."
Er aber sprach: „Nimm doch deinen Sohn, deinen einzigen, den du liebst, Isaak, und geh in das Land Morija, und lass ihn dort aufsteigen als Brandopfer auf einem der Berge, den ich dir sagen werde."
Abraham stand frühmorgens auf, er sattelte seinen Esel, er nahm seine beiden Knaben mit sich und Isaak seinen Sohn, er spaltete Hölzer für das Brandopfer und machte sich auf und ging zu dem Ort, den Gott ihm gesagt hatte. Am dritten Tag erhob Abraham seine Augen und sah den Ort von weitem.
Abraham sprach zu seinen Knaben: „Bleibt ihr hier mit dem Esel, ich aber und der Knabe wollen dort hingehen, uns niederwerfen und dann zu euch zurückkehren."
Abraham nahm die Hölzer für das Brandopfer. Er legt sie auf Isaak, seinen Sohn. In seine Hand nahm er das Feuer und das Messer.
Und sie gingen, beide miteinander. Isaak sprach zu Abraham, seinem Vater. Er sprach: „Vater!"
Der sprach: „Da bin ich, mein Sohn."
Er sprach: „Da ist nun das Feuer und die Hölzer, aber wo ist das Lamm für das Brandopfer?"
Abraham sprach: „Gott wird schauen nach dem Lamm für das Brandopfer, mein Sohn." Und sie gingen, beide miteinander.
Sie kamen an den Ort, den Gott ihm gesagt hatte. Dort baute Abraham den Altar und schichtete die Hölzer und band Isaak, seinen Sohn, und legte ihn auf den Altar oben auf die Hölzer. Abraham streckte seine Hand aus, er nahm das Messer, seinen Sohn zu schlachten.
Aber der Bote Jahwes rief ihm vom Himmel her zu und sprach: „Abraham, Abraham!"
Der sprach: „Da bin ich."
Er sprach: „Strecke deine Hand nicht nach dem Knaben aus und tue ihm nichts! Denn jetzt habe ich erkannt, dass du gottesfürchtig bist: Du hast mir deinen Sohn, deinen einzigen, nicht vorenthalten."
Abraham erhob seine Augen und sah: Ein Widder hatte sich im Gestrüpp mit den Hörnern verfangen. Abraham ging hin, er nahm den Widder und ließ ihn aufsteigen als Brandopfer an Stelle seines Sohns.
Abraham rief den Namen jenes Orts: Jahwe sieht. Wie man noch heute sagt: Auf dem Berg Jahwes wird man gesehen.

(Übersetzung: Dieter Bauer)

5 Rebekka und Isaak – Brautwerbung (Gen 24,1-67)

Biblische Familiengeschichten sind voll von sinnlicher orientalischer Erzählfreude. Die Geschichte von der Brautwerbung um Rebekka gehört zu den schönsten Erzähltexten des Ersten Testaments. Sie erinnert an Brautwerbungs- und Hochzeitsgeschichten in vielen Märchen oder an eigene Hochzeitserfahrungen. Darüber hinaus ist sie eine Geschichte vom Glauben an Gottes Fügung und Führung. Hochzeiten, d. h. glückliche, „hohe Zeiten", gehören zum Leben. Die Rebekka-Erzählung lädt wie kaum eine andere ein zum eigenen Erzählen.

Dauer	*Inhalt und Vorgehen*	*Material*
10'	**Einstieg** *Plenum* Begrüßung und Einführung ins Thema	Steine, Krüge, Tücher, Bilder Sätze aus Hld
10' 50'	**Einstimmung** *Bewegung im Raum* Erzählperlen *Plenum, Erzählort* Die Tn erzählen	Perlen Musik (Liebeslied), Abspielgerät
20'	**Textaufnahme** *Plenum, Erzählort* Erzählen von Gen 24	M 5
20'	**Textbeobachtung** *Plenumsgespräch* • Welche Orte werden beschrieben? • Wie handeln die einzelnen Personen? • Welche Person ist mir nahe gekommen? • Was bedeutet mir Verwandtschaft? Lt ergänzt	
30'	**Textverknüpfung: Erlebte Hoch-Zeiten** *Einzelbesinnung an Tischen* Die Tn schreiben (fakultativ): • Gedanken zur Erzählung • Erinnerungen an „hohe" Zeiten im Leben • einen Liebesbrief oder ein Gedicht	Erzählhefte, Stifte
10'	**Abschluss** Gedicht oder gemeinsames Lied	Evtl. Musik (Liebeslied s. o.)

Kommentar

Ziel dieser Bibelarbeit: Die Tn lernen eine bezaubernde biblische Erzählung kennen und verweben sie mit eigenen Familiengeschichten, welche sie als „Erzählperlen" weitergeben.

Raum und Einrichtung: Der „Erzählort" wird passend zur biblischen Erzählung eingerichtet: z. B. ein Brunnen/eine Quelle (Steinkreis um ein blaues Tuch) im Zentrum, Krüge, biblische Erzählfiguren (Frauen, ein Mann, Kamele). Solche Figuren sind in vielen Gemeinden vorhanden. Verschieden große bunte Perlen liegen ebenfalls in der Mitte. Im Raum verteilt sind Hochzeitsbilder (aus dem Familienalbum, aus Illustrierten) und/oder Textstreifen mit Sätzen aus dem Hohelied, z. B.:

1,2 Süßer als Wein ist deine Liebe
1,15 Schön bist du, zwei Tauben sind deine Augen
2,2 Eine Lilie unter Disteln ist meine Freundin
2,13 Dein Gesicht lass mich sehen, deine Stimme hören
3,6 Wer ist sie, die da aus der Steppe heraufsteigt ..., umwölkt von Myrrhe und Weihrauch
4,9 Verzaubert hast du mich, meine Schwester Braut mit einem Blick deiner Augen, mit einer Perle deiner Halskette

Die/der Erzählende ist evtl. passend zur Erzählung gekleidet.

Einstimmung: Die Stühle werden an den Rand gestellt, damit genügend Platz zum Umgang in der Mitte vorhanden ist. Die Tn werden gebeten, einen (echten oder imaginären) Krug aufzunehmen und damit auf die „Quelle" in der Mitte zuzugehen, um Wasser, d. h. Energie, zu schöpfen. (s. *Übung: Zur Quelle gehen;* S. 39). Nach einem kurzen Aufenthalt in der Mitte werden die „Krüge" abgestellt. Die Tn gehen nun umher, schauen die Bilder und Texte an, lassen sich anregen und Erinnerungen aufkommen.

Auf ein Zeichen hin (Klangschale) nimmt jede/r eine Perle auf, holt einen Stuhl und setzt sich in den Erzählkreis. Reihum sagen die Tn, welches Bild oder welcher Satz sie besonders angesprochen hat. Davon ausgehend erzählt jede/r eine *kleine* Anekdote von sich, den Eltern oder Großeltern, vom Suchen und Finden eines Partners, von Heiratsanträgen, Hindernissen, Verlobungs- oder Hochzeiten. Nach max. 2-5 Minuten (je nach Tn-Zahl) wird die aufgenommene Perle der rechts sitzenden Person geschenkt, die nun erzählt und ihre Perle weitergibt usw. bis alle Perlen getauscht sind. Ein Liebeslied (klassisch o. modern) leitet zum nächsten Schritt über.

Textaufnahme: Gen 24 wird entweder von der Lt oder den Personen, die sich darauf vorbereitet haben, erzählt. Es wurde auf eine Erzählvorlage verzichtet. Die Erzählung lädt dazu ein, Orte und Personen im orientalischen Stil mit der eigenen Phantasie ein wenig auszuschmücken, d. h. ein „Bühnenbild" zu entwerfen: den Brunnen, große und kleine Krüge, leichtfüßige, junge und gebeugte, alte Frauen, die Kleider, den Schmuck, das Lachen und Plaudern, das Flimmern der Luft, die Tiere, der fremde Mann... – der Auftritt Rebekkas. Einige Elemente sind allerdings unverzichtbar und sollten nah am Text erzählt werden: Der Auftrag Abrahams und der Eid des Knechtes (24,1-4.9), der Glaube an die Führung oder Fügung Gottes, das Gebet des Knechtes (24,7.12-14. 42f.48.51f), die Begegnung am Brunnen (24,10-27), die Wiederholung der Erzählung (24,33-48), der Segen für Rebekka (24,60) und die Begegnung der Brautleute (Gen 24,62ff; bes. 24,67).
Alternativ: Denkbar ist auch, dass vier Personen sich auf das Erzählen vorbereiten und je eine „Rolle" übernehmen: der Knecht, Rebekka, Laban, Isaak. Das muss frühzeitig vor der Bibelarbeit abgesprochen worden sein! Den ErzählerInnen wird ein Blatt mit den „Rollen" bzw. Textstellen abgegeben. Hier werden Erzählanfänge und Schlusssätze vorgeschlagen. „..." bedeutet weitererzählen. Schlüsselsätze, die wortgetreu erzählt werden sollen, sind kursiv gesetzt (siehe M 5).

Textbeobachtung: Es empfiehlt sich, eher sparsam zu erläutern, um die innere Bühne nicht zu verstellen. Die Tn sollen möglichst mit ihren eigenen Bildern weitergehen.

Abschluss: Das Liebeslied vom Anfang wird noch einmal gespielt. Vielleicht sind Tn bereit, einen Gedanken, ein Gedicht aus dem Erzählheft vorzulesen. Oder ein Lied, z. B. *Wechselnde Pfade, Schatten und Licht, alles ist Gnade, fürchte dich nicht,* schließt die Bibelarbeit ab.

Gedanken und Informationen zu Gen 24

Abraham
Der Auftrag, eine Frau für Isaak in der „alten Heimat" zu suchen, erinnert an ein letztes Vermächtnis. Die Braut aus der väterlichen Verwandtschaft zu holen, entspricht dem bis heute gültigen Brauch bei den Beduinen. Es werden damit Tradition der Sippe und materielles Vermögen bewahrt, da der Brautpreis in der eigenen Sippe bleibt.

Die Hand unter die Hüfte legen
Dieser sehr alte Gestus beim Eid meint ein Berühren des Zeugungsglieds, der „Quelle des Lebens". Dem entspricht das spätere Schwören mit der Hand auf der Bibel.

Brunnen, Quelle
Der Ort an dem Entscheidendes passiert. Wasserorte, wie Brunnen, sind Stätten des Lebens und – in den Mythologien als Verbindung von Diesseits- und Jenseitswelt – Orte für göttliche Zeichen, gerade auch für Frauen (vgl. Hagar, Gen 16,14, oder die samaritische Frau, Joh 4,6 ff). Brunnen sind Orte der Begegnungen. Wie man im Alten Orient die Männer in den Toren traf, so trifft man die Frauen am Brunnen. Seit alters her wird die Quelle als weibliches Grundsymbol des Lebens angesehen. Wo der Brunnen versiegt, kommt das Leben zum Stillstand.

Gebet
Durch das Gebet, die Erfüllung des erbetenen Zeichens und den mehrmaligen Hinweis auf die Fügung des Herrn wird das göttliche Handeln betont. Die Erzählung lebt aus dem Glauben, dass Gott den Weg begleitet und ihn gelingen lässt. Der Zufall wird als Zugewiesenes erkannt, Rebekka als Zugesandte. Gott greift nicht an irgendeinem Punkt ein, sondern der ganze Weg erweist sich als von ihm gefügt und zum „guten Ende" geführt.

Rebekka
Parallelen zu Abraham fallen auf: Sie muss – wie einst er – bereit sein, ihr Land und ihre Verwandtschaft zu verlassen (24,5-8; vgl. 12,1-4a). Auf die Frage, ob sie bereit sei, sofort aufzubrechen, antwortet sie entschlossen: „Ja, ich will es" (24,58; vgl. 12,4). Schließlich wiederholt sich im Segen „Dein Same soll das Tor ihrer Feinde besetzen" (24,60) die Verheißung an Abraham (22,17).

Isaak
Der eigentlich Betroffene erscheint in der Erzählung ein wenig blass und passiv. Erst spät tritt er auf, wie in einer Nebenrolle. Kein Wort fällt zwischen den Brautleuten. Merkwürdig stumm und sprachlos wird Isaak hier geschildert, wie früher am Ort des Opfers (Gen 22,9 ff), später ist er blind (Gen 27,1). Hier ist vielleicht schon angelegt, dass Rebekka, die Entschlossene, auch im weiteren Verlauf die initiativ Handelnde sein wird. Sie wird für Isaak die Rolle seiner Mutter übernehmen: „Isaak führte Rebekka in das Zelt seiner Mutter Sara" (Gen 24,67).

M 5 • Erzählbausteine für vier ErzählerInnen

Großknecht: Der Auftrag / Am Brunnen (24,1-16)
Ich bin Eliëser, der Großknecht Abrahams. Mein Herr ist alt und hochbetagt. Vor einigen Tagen sagte er zu mir: *Lege deine Hand unter meine Hüfte* und schwöre, dass du in das Land meiner Verwandtschaft reist und dort für meinen Sohn Isaak eine Frau holst. Versprich mir, dass du keine von den Töchtern der Kanaaniter nimmst, unter denen ich lebe ...
.... Da legte ich *die Hand unter die Hüfte meines Herrn* und reiste mit zehn Kamelen und allerlei kostbaren Geschenken nach Mesopotamien in die Stadt Nahors ...
... Ich betete: *Gott meines Herrn Abraham ...*
... Das Mädchen war sehr schön ...

Rebekka: Am Brunnen (24,17-28)
Ich heiße Rebekka. Jeden Tag komme ich hierher an die Quelle, um Wasser zu schöpfen und mit den Frauen zu plaudern. Als ich heute meinen Krug gefüllt hatte, da kam dieser Mann auf mich zu und sagte:....
... Ich lief zurück und erzählte alles, was vorgefallen war.

Laban: Die Einladung ins Haus (24,29-33)
Ich bin der Bruder Rebekkas und heiße Laban. Sofort eilte ich hinaus ...
... Da kam der Mann in unser Haus ...
... Der Mann sagte: Ich esse nicht, bevor ich mein Anliegen vorgebracht habe.

Großknecht: Die lange Rede im Haus der Verwandten (24,34-48)
Da berichtete ich ihnen: Ein Knecht eures Verwandten Abraham bin ich ...
... Ich warf mich vor *dem Gott Abrahams* nieder, *der mich geradewegs hierher geführt hat,* damit ich um die Nichte meines Herrn für seinen Sohn werbe.

Laban: Die Entscheidung (24,49-57)
Was sagt ihr zu meinem Anliegen?, fragte der Knecht. Wollt ihr meinem Herrn Wohlwollen und Vertrauen schenken? ...
... Meine Mutter und ich antworteten: *Die Sache ist von Gott ausgegangen* ...
... Wir wollen das Mädchen selbst fragen.

Rebekka: Der Segen (24,58-61)
Der Bruder und die Mutter riefen mich und fragten: Willst du mit diesem Mann reisen? ...
... Zum Abschied segneten sie mich mit einem uralten Hochzeitsspruch:
Du unsere Schwester,
werde Mutter von tausendmal Zehntausend:
Deine Nachkommen sollen besetzen das Tor ihrer Feinde. ...

Isaak: Die Brautleute (24,62-67)
Ich, Isaak, lagerte in der Nähe des *Brunnens von Lahai-Roï.* Dieser Brunnen verdankt seinen Namen Hagar, der Mutter meines Halbbruders Ismael. Das hat mir mein Vater Abraham einmal erzählt. Eines Abends ging ich hinaus ...
... *Ich gewann Rebekka lieb. Sie tröstete mich über den Verlust meiner Mutter.*

6 Wer trägt Verantwortung für die Weitergabe des Familiensegens? (Gen 27,1-45)

Die biblischen Familiengeschichten erzählen von Eltern und Kindern. Die Aufmerksamkeit ist dabei oftmals auf die nachfolgende Generation gerichtet: Nachkommen werden verheißen, Geschwister streiten... Darüber geraten die Eltern manchmal aus dem Blick. In der Erzählung von der Weitergabe des Familiensegens sind Isaak und Rebekka zentrale Trägerin und Träger der Handlung. Bei ihnen liegt die Verantwortung für die Familie.

Dauer	*Inhalt und Vorgehen*	*Material*
5'	**Einstieg** *Plenum, Stuhlkreis* Begrüßung und Einführung ins Thema	
15'	**Einstimmung** *Einzelarbeit und Austausch im Plenum* Erfahrungen mit wirkmächtigen Worten in der Familie	Erzählheft, Stifte
10'	**Textaufnahme 1** *Plenum, Stuhlkreis* Die Lt erzählt die Vorgeschichte: Geburt Esaus und Jakobs, Verkauf des Erstgeburtsrechts (Gen 25,19-34) und erzählt dann Gen 27 oder liest den Text vor	Bibel
20'	**Textbeobachtung** *Gruppenarbeit* Beziehungen innerhalb der Familie untersuchen: Wer steht wem nahe? Wer spricht mit wem? Beziehungsmuster der Familie darstellen	Bibeln Plakate, Stifte
15'	*Plenum* Vorstellen der Gruppenergebnisse	
10'	**Textaufnahme 2** Die Lt informiert über Bedeutung des Familiensegens und stellt Stühle auf, die für Isaak bzw. Rebekka stehen, die Tn ordnen sich zu	zwei Stühle
25'	*Gruppenarbeit als Isaak bzw. Rebekka* • Woran habe ich mich bei meinem Verhalten orientiert?	Blatt mit Fragen

	• Was hat mir Grenzen gesetzt? • Wofür habe ich Verantwortung übernommen? Wofür nicht? • Was bedeutet mir der Familiensegen?	
15'	*Plenum, Stuhlhalbkreis mit „Bühne"* Zwei Erzählungen	
20'	**Textbeobachtung / Textverknüpfung** *Plenum, Stuhlkreis* • Was ist am Verhalten der Eltern klar geworden? • Was bedeutet es, dass Gott sich im weiteren Verlauf der Geschichte klar zu Jakob bekennt? Welches Licht wirft das auf das Verhalten der Eltern?	
15'	**Textverknüpfung** *Einzelbesinnung* Was hat die Beschäftigung mit Rebekka und Isaak im Blick auf meine eigene Familie ausgelöst (Herkunfts- oder jetzige Familie)	Erzählheft, Stifte
	Abschluss *Plenum* Segensgeste und -worte	

Kommentar

Ziel dieser Bibelarbeit: Die Bibelarbeit richtet den Blick auf das Verhalten der Eltern, Isaak und Rebekka, und fragt danach, wie sie im Beziehungsgeflecht der Familie Verantwortung übernehmen. Sie verknüpft die biblische Geschichte mit eigenen Erfahrungen in der jetzigen bzw. in der Herkunftsfamilie.

Raum und Einrichtung: Für diese Bibelarbeit ist es sinnvoll, wenn für die zweite Gruppenarbeit ein weiterer Raum zur Verfügung steht.

Einstimmung: Die Lt führt in die Einzelarbeit ein:
„Worte haben eine Wirkung. Manche Worte sind besonders wirkmächtig, etwa manche Worte in Familien, weil sie immer wieder gesagt und bekräftigt werden oder weil sie von den Eltern oder anderen nahe stehenden Personen kamen, die lange Zeit einen großen Einfluss auf uns hatten. In Familien gibt es Worte, die wir hilfreich und segensreich für

unser Leben erfahren und solche, die uns schwer zu schaffen machen, von denen wir uns mitunter mühsam befreien müssen. Ich lade Sie ein, sich an solche Worte und Sätze aus Ihrer Familie zu erinnern und sie in Ihr Erzählheft einzutragen. Anschließend lade ich Sie ein, wenn Sie möchten, einige dieser Worte und Sätze im Plenum mitzuteilen. Ich bin sicher, dass wir alle solche Sätze kennen."
Im Plenum werden zuerst schwierige, dann segensreiche Worte bzw. Sätze gesammelt. Sie werden nicht aufgeschrieben.

Textaufnahme 1: Die Lt fasst die Vorgeschichte kurz zusammen, ohne sie auszuschmücken. Wenn der Text der Bibelarbeit (Gen 27) nicht vorgelesen, sondern erzählt wird, ist eine möglichst textgetreue Erzählung zu bevorzugen.

Textbeobachtung: Ideal sind Kleingruppen von 4-5 Personen. Es sollte nicht zu viele Gruppen geben, da sich sonst das folgende Plenum verlängert und es zu vielen Wiederholungen kommt. Für ungeübte Gruppen empfiehlt es sich, einen konkreten Vorschlag für das Bild zu machen, z. B. Kreise mit den vier Namen und Pfeile für die Beziehungen.
Im Plenum stellt eine Gruppe ihr Bild vor, die anderen ergänzen bzw. stellen vor, was sie anders sehen.

Textaufnahme 2: Die Bildung von Gruppen zu Rollen aus dem Text ist bereits in der Bibelarbeit 2 ausführlich beschrieben worden.
Da es sich für die Gruppenarbeit um zwei eher größere Gruppen handelt, sollten sie in getrennten Räumen arbeiten können. Wichtig ist, besonders darauf hinzuweisen, dass die Gruppe auch besprechen soll, wie sie anschließend im Plenum erzählt (eine Erzählerin bzw. einen Erzähler auswählen, Gespräch zwischen mehreren Isaaks bzw. Rebekkas...).

Textbeobachtung/Textverknüpfung: Das Gespräch im Plenum ist offen für Beobachtungen und Erkenntnisse am Text und für die Verknüpfung mit eigenen Erfahrungen und Ansichten zum Verhalten von Eltern. Die Lt versucht, die Balance zwischen den beiden Ebenen zu halten.

Abschluss/Ausklang: Die Gruppe stellt sich im Kreis auf. Alle legen in einer Segensgeste die rechte Hand auf die Schulter des Menschen neben ihnen. Die Lt spricht stellvertretend für alle die Segensworte Jakobs.

Gedanken und Informationen zu Gen 27

Isaak hatte Esau lieber ... Rebekka aber hatte Jakob lieber
Die Erzählung bezeichnet Esau durchgängig als Sohn Isaaks, Jakob dagegen als Sohn Rebekkas. Die Auseinandersetzungen zwischen Esau und Jakob beginnen bereits im Mutterleib (Gen 25,22ff), als die Kinder einander so stoßen, dass Rebekka beunruhigt wird. Esau ist der Erstgeborene der Zwillinge, verkauft dem Jakob aber sein Erstgeburtsrecht für ein Linsengericht (Gen 25,29ff). Das scheint für Isaak allerdings keine Rolle bei der Frage zu spielen, wem er nun – da er sich dem Tod nahe fühlt – seinen Segen geben soll: Esau, seinem Erstgeborenen. Isaak wird sicherlich auch von seiner eigenen Geschichte eingeholt: Esau gleicht stark Isaaks Bruder, Ismael. In drei kurzen Sätzen vor und nach unserer Textstelle (Gen 26,34-35 und Gen 27,46) wird ein Grund für die Distanz zwischen Rebekka und Esau genannt: Esaus Heirat mit zwei ausländischen Frauen. Die Sorge um das Heiraten innerhalb des verwandten Stammes verbindet Isaak und Rebekka. Sie schicken Jakob zu Rebekkas Bruder Laban, um ihn vor Esau zu schützen und damit er eine Frau aus der Familie finde (Gen 27,43 und 28,1-2). Dabei spricht Isaak seinem Sohn Jakob einen (weiteren) Segen zu (Gen 28,1-4).
Rebekka ist die Person innerhalb der Familie, die am meisten wahrnimmt und am besten informiert ist: Sie hört das Gespräch zwischen Isaak und Esau (Gen 27,5), und sie hört über Dritte von Esaus Absicht, sich an Jakob zu rächen (Gen 27, 42). Der Frau mit den offenen Sinnen steht der blinde Isaak gegenüber.

Wirkmächtige Worte im biblischen Verständnis
In unserem Alltagsverständnis ist ein Wort in erster Linie eine Aussage. Die *wirkmächtige* Seite von Worten ist uns weniger bewusst. Und doch *bewirkt* der Satz „die Sitzung ist eröffnet" in der Regel, was er *aussagt*. Im Altertum war man davon überzeugt, dass die Kraft eines Wortes unter anderem von der Person abhängt, die es ausspricht. War sie kraftbegabt, dann war auch ihr Wort mächtig und das wurde verstärkt, wenn es in einer besonderen Situation des Lebens gesprochen wurde. Dies galt insbesondere für Segen und Fluch.
Der greise Isaak hatte alle seine Segenskraft in seine Worte gelegt und dem vor ihm Knieenden zugesprochen. Dieser wirkmächtige Segen lässt sich nicht widerrufen, er ist entlassene Kraft. Beim Fluch wäre es genauso. Wenn die Mutter dem furchtsamen Jakob sagt: „Überlasse den Fluch mir!", dann will sie ihn nicht nur beschwichtigen, sondern hat da-

mit auch ein wirkmächtiges Wort gesprochen. Dieses Wort kann zwar den väterlichen Fluch nicht unwirksam machen, aber es will ihn umlenken. Die Mutter ist bereit, sich für den Sohn zu opfern.
Man ist heute leicht geneigt, solche Vorstellungen als magisch abzutun. Dabei ist zu bedenken, dass auch heute ein einmal ausgesprochenes Wort einen Tatbestand schaffen kann, der nicht mehr aus der Welt zu schaffen ist und von dem Leben und Tod abhängen (vgl. Kriegserklärungen oder Friedensschlüsse, die auch nur aus Worten bestehen).

Der Segen und seine Wirkung

Der Inhalt des Segens, den Isaak seinem Sohn Jakob gibt, ist ein sehr irdischer. Da ist die Rede vom Tau des Himmels, vom Fett der Erde, von viel Korn und Most. Klar erkennbar werden Fäden aus der Schöpfungsgeschichte, in der Gott die Menschen segnet („Seid fruchtbar und mehret euch" Gen 1,28) und der Wiederholung dieses Segens nach der Sintflut (Gen 9,1) aufgenommen und eingewebt. Es geht um das Wohlergehen des Menschen in der von Gott geschaffenen Welt.
Interessanterweise knüpft Isaak in der Bildsprache des Segens nicht an die Lebenswelt Esaus (z. B. mit Jagderfolg und Wildreichtum) an, sondern nimmt die Zukunft der Kinder Jakobs vorweg, die Acker- und Weinbauern sein werden. Man kann sich fragen, wie viel Isaak von dem, was wirklich beim Segen vorgeht, ahnt oder weiß.
Neben dem Wohlergehen verheißt der Segen auch Macht. Isaak bestimmt Jakob mit den Worten: „Sei Herr über deine Brüder" zum künftigen Familienoberhaupt, da mit dem Ausdruck „Brüder" nach damaligem Verständnis alle männlichen Verwandten gemeint sind. Ohne es zu wissen, erfüllt Isaak damit den an Rebekka vor der Geburt der Zwillinge ergangenen Orakelspruch (Gen 25,23). Als Abschluss übernimmt Isaak eine Formulierung aus der ersten Verheißung an Abraham (Gen 12,3): „Die dir fluchen seien verflucht, und die dich segnen, seien gesegnet". Er reicht damit die Verheißung des göttlichen Schutzes vor Feinden und die Kraft, andere am Segen teilhaben zu lassen, an Jakob weiter.

Ein sinnlicher Text

Sinnliches und Sinneswahrnehmungen spielen in unserem Text eine wichtige Rolle. Isaaks Blindheit macht die Täuschung erst möglich bzw. hindert ihn sie zu durchschauen. Der Text lässt letztlich offen, wie viel Isaak wirklich ahnt und „sieht". Der Segen ist mit einem besonderen Essen, einem leckeren Mahl, verbunden.
Das Täuschungsmanöver Jakobs und Rebekkas ist ein einziges komödiantisches Spiel mit Sinneseindrücken, dem Ertasten der Haut, dem

Schmecken des Essens, dem Hören der Stimme und dem Nichtsehen des Sichtbaren (oder Offensichtlichen?). Als Isaak seinen Sohn küsst und den Duft seiner Kleider riecht, motiviert ihn das zum Beginn seines Segens: „Ja, mein Sohn duftet wie das Feld, das der Herr gesegnet hat." (27,27b)

Die Blindheit Isaaks

Eine besondere Brisanz erhält die List Rebekkas und Jakobs durch die Blindheit Isaaks. Blinde und Taube sind unter den besonderen Schutz der Gebote Gottes gestellt (vgl. Lev 19,14 und Dtn 27,18).

Namen und ihre Bedeutungen: Jakob

Die Bedeutung des Namens Jakob ist nicht völlig klar. Am wahrscheinlichsten ist aber, dass der Name eine verkürzte Form von *Ja'akob-El* = „Gott möge schützen" darstellt. Die biblische Geschichte deutet ihn bei der Geburt der Zwillinge als „Fersenhalter" (Gen 27,26) nach dem hebräischen Wort *akeb* für Ferse. Durch den Bezug zum Wort *akab* (= „verdrängen") deutet Esau den Namen Jakob als „Betrüger": „Er hat mich jetzt schon zweimal betrogen (verdrängt)" (Gen 27,36).

Schuld – Betrug – Gnade

Ist das Handeln Rebekkas und Jakobs unmoralisch? Laden Sie Schuld auf sich? Diese Fragen werden von der Erzählung weder gestellt noch beantwortet. Es wird zwar ein Bild von seltsamer Schuldverstrickung gezeichnet, aber nichts über subjektive, persönliche Schuldanteile gesagt. Alle werden hineinverwoben in ein undurchschaubares Drama des Heilshandeln Gottes.

Heißt das, Gottes Segen lässt sich erlisten? Die nachfolgenden Jakobserzählungen sprechen das Urteil. Der Betrüger wird betrogen. Um sieben Jahre seines Lebens betrügt ihn sein Schwiegervater und Onkel; nie mehr sieht er seine Mutter; um das Glück vieler Jahre mit seinem Sohn Josef betrügen ihn die eigenen Söhne. Der Name, der sich aus der Geschichte seines Betrugs herausgesponnen hat, wird sein lebenslanger Begleiter, der Betrüger ist auch der Betrogene. Am Ende, wenn sich alle Lügengespinste lösen, ist er ein alter Mann; ein Mann, den Gott nicht wegen seiner Verschlagenheit, sondern trotz seiner Gaunereien gern hat und zum guten Ziel begleitet. Nicht seine Klugheit und List, sondern Gottes Gnade lässt ihn dieses Ziel erreichen.

7 Der erkämpfte Segen (Gen 32,23-33)

Die Familiengeschichten der Bibel erzählen auch von Lebenssituationen, in denen sich jemand entscheiden muss, wenn es gut weitergehen soll. So muss Jakob den Fluss Jabbok überqueren, bevor er seinem ehemals feindlichen Bruder gegenübertreten kann. Von dem Kampf, den er vorher ausfechten musste, erzählt die Geschichte. Jakob ringt um den Segen Gottes, den er für die Begegnung mit seinem Bruder braucht.

10′	**Einstieg** *Plenum* Die Vorgeschichte (Gen 28-31) erzählen	
10′	**Textaufnahme** *Plenum* Den biblischen Text vorlesen	Bibel
15′	**Textbeobachtung** *Erster Austausch im Plenum* Wenn Sie ein Bild zu der Geschichte malen sollten, welches Bildmotiv würden Sie wählen?	
20′ 25′	**Textverknüpfung** *Einzelbesinnung zu 5 Motiven des Textes:* • Nacht • Übergänge/Grenzerfahrungen • Was ist dein Name? Wer bist Du? • Kampf • Narben *Austausch in Kleingruppen*	Plakate Arbeitsblätter Erzählheft
25′	*Plenum* Die fünf Motive durchgehen und Gruppenergebnisse festhalten. Die Lt ergänzt	
 15′ 25′ 20′	**Ausklang** 1. Bildbetrachtung (s. Kommentar) Wenn es die letzte Bibelarbeit in einer Reihe zu Familiengeschichten ist: 2. Den eigenen Weg mit den Familiengeschichten in der Erinnerung mit Materialien legen JedeR sagt etwas zu ihrem/seinen Weg Abschließendes gemeinsames Mahl und Segen auf den Weg	 Dia Diaprojektor Legematerial Schildchen Speisen und Getränke

Kommentar

Ziele der Bibelarbeit: Einen biblischen Erzähltext von seiner (Tiefen-)Symbolik her verstehen. Lese- und Deutungshilfen für eigene Lebenskrisen entdecken.

Raum und Einrichtung: Für die Kleingruppenarbeit sollten genügend Räume vorhanden sein.

Einstieg: Um den Ort der Erzählung vom Jakobskampf innerhalb der biblischen Jakobsüberlieferungen richtig einordnen zu können, ist es wichtig, die Vorgeschichte (Gen 28-31) zu betrachten. Diese wird zusammenfassend erzählt, etwa: „Nachdem Jakob sich den Erstgeburtssegen von seinem blinden Vater Isaak erschlichen hatte, wollte ihn sein Bruder Esau umbringen. Jakob musste fliehen ... Nun also stand Jakob die Begegnung mit seinem Bruder bevor, vor dem er einst in Todesangst geflüchtet war. Morgen sollte es so weit sein."

Textaufnahme: Die biblische Geschichte vom Jakobskampf sollte möglichst wortgetreu erzählt werden. Es wird vorgeschlagen, den biblischen Text in einer guten Übersetzung vorzulesen (Einheitsübersetzung, Luther, Zürcher). Bei freierem Erzählen wäre wichtig, dass die typischen Motive nicht unterschlagen werden (Nacht, Fluss, Wasser, Morgengrauen, Übergang, Verwundung, Sonnenaufgang ...).

Textbeobachtung: Für den Austausch im Plenum sollte auf die tiefe Symbolik der Geschichte über den Vergleich mit einem Bild aufmerksam gemacht werden: Wenn Sie ein Bild zu der Geschichte malen sollten, welches Bildmotiv würden Sie wählen?

Textverknüpfung: Im Raum werden fünf Plakate aufgehängt, auf denen jeweils ein Motiv festgehalten ist. Zu diesen fünf Motiven werden Kleingruppen gebildet, welche die Tn frei wählen können. Jede Gruppe erhält auf einem Arbeitsblatt spezifische Fragen zur Bearbeitung:

1. Nacht:
Der Jakobskampf spielt sich in der Nacht ab.
Kennen Sie solche „Nächte" aus dem eigenen Leben?
Was führte dazu, dass irgendwann „die Sonne wieder schien"?
Erinnern Sie sich an andere Geschichten oder Filmszenen, in denen das Motiv der „Nacht" eine Rolle spielt?

2. Übergänge/Grenzerfahrungen
Der Fluss bildet für Jakob eine Grenze, an der er sich entscheiden muss.
Kennen Sie solche „Grenzerfahrungen" aus dem eigenen Leben?
Wie haben Sie diese „Grenze" überwunden?
Erinnern Sie sich an andere Geschichten oder Filmszenen, in denen das Motiv des „Übergangs"/der „Grenze" eine Rolle spielt?

3. Was ist dein Name? Wer bist Du?
Jakob macht sich einen Namen. Das kann er aber erst, nachdem er zu seinem bisherigen Leben stehen kann.
Womit möchten wir uns einen Namen machen?
Haben Sie sich schon einmal überlegt, ihren Namen zu ändern? Warum?
Erinnern Sie sich an andere Geschichten oder Filmszenen, in denen das Motiv des „Namens" eine Rolle spielt?

4. Kampf
Dieses Mal erschleicht sich Jakob seinen Segen nicht, sondern kämpft.
Kennen Sie solche „Kämpfe um Anerkennung" aus dem eigenen Leben?
Wie sind diese „Kämpfe" ausgegangen?
Erinnern Sie sich an andere Geschichten oder Filmszenen, in denen das Motiv des „Kampfes um Anerkennung" eine Rolle spielt?

5. Narben
Jakob bleibt von seinem Kampf eine Behinderung/Narbe zurück.
Kennen Sie solche „Narben" aus dem eigenen Leben?
Wie gehen Sie mit diesen „Narben" um?
Erinnern Sie sich an andere Geschichten oder Filmszenen in denen das Motiv der „Narbe/Verletzung" eine Rolle spielt?

Wenn die Kleingruppen von ihren Gesprächen berichtet haben, ist es wichtig, dass die Leitung die sehr unterschiedlichen Erfahrungen festhält und an die Jakobskampfgeschichte rückzubinden vermag.

Ausklang: Je nachdem, ob die Bibelarbeit den Abschluss einer Reihe zu den Familiengeschichten bildet oder unabhängig davon durchgeführt wird, schlagen wir zwei Alternativen vor:

1. Bildbetrachtung: Marc Chagall, Jakobs Kampf
Marc Chagalls Bild „Jakobs Kampf" aus dem Musée National Message Biblique in Nizza eignet sich in seiner tiefen Symbolik gut dafür, die Bibelarbeit abzuschließen.

Eine gute Bildinterpretation findet sich z. B. in: Marc Chagall, Botschaft der Bibel, Dias mit Bildinterpretationen von Christoph Goldmann, Christophorus-Verlag, Freiburg 1989. Es kann bei den Medienstellen der Kirchen ausgeliehen werden.

2. Den eigenen Weg mit den Familiengeschichten legen
Der Ausklang dient dem Rückblick auf die verschiedenen Familiengeschichten, die behandelt wurden. Den TeilnehmerInnen werden Legematerialien zur Verfügung gestellt (vgl. Bd. 8: Brigitte Schäfer (Hrsg.), Gestaltete Lebensräume, S. 24ff). Mit diesen legt jedeR Tn den eigenen Weg und nimmt seine eigenen Erfahrungen mit hinein. Bei der Auswahl der Legematerialien ist zu beachten, dass auch Schweres, Sperriges, Dunkles, Stacheliges etc. zur Verfügung steht. Hilfreich sind auch Schildchen mit den Themen der durchgeführten Bibelarbeiten. Die Tn schauen die entstandenen Bilder miteinander an.
Als Abschluss wird ein einfaches Mahl gestaltet (jedeR bringt nach Absprache etwas mit) und die Tn geben einander einen Segen mit auf den weiteren Weg.

Informationen zu Gen 32

Eine gewachsene Geschichte

Bei der Erzählung vom Kampf Jakobs scheint es sich ursprünglich um eine Art Flussgespenst-Geschichte gehandelt zu haben: Da wird jemand in der Nacht an einem Flussübergang von einem Unbekannten überfallen. Als die Morgenröte aufsteigt, gerät der unheimliche Fremde in Bedrängnis, denn, so muss man annehmen, er erträgt das Licht der Sonne nicht. Dem Überfallenen gelingt es aber, ihn festzuhalten, so dass er sich loskaufen kann.
Unsere Erzählung ist von ihrem Ursprung her sicher vorisraelitisch. Die einwandernden Stämme Israels werden sie am Ort Penuel vorgefunden und selbst weiter erzählt haben. Das Christentum ist im übrigen mit den heidnischen Märchen und Sagen auch nicht anders umgegangen: Man erzählte sie so gut wie unverändert weiter. Urheidnische Mythen haben sich z. B. in der Geschichte vom Rotkäppchen durch die Jahrhunderte erhalten, und christliche Vorstellungen haben darin so gut wie keine Spuren hinterlassen.
Irritierend ist, dass spätere Erzähler den Dämon durch (einen Boten Gottes oder) Gott selbst ersetzt haben. Dieses etwas fremdartige (ur-

tümliche) Gottesbild von Gen 32,23-32 findet sich allerdings auch noch an anderen Stellen der Bibel: In Gen 15 (Rückkehr Abrahams aus Ägypten), in Ex 4,24-26a (Rückkehr des Mose aus dem Sinai nach Ägypten), in 12,12-23 (vor dem Auszug aus Ägypten) und in Num 21,4-9 (an der Schwelle zur Inbesitznahme des neuen Landes). Alle diese Stücke stehen an bedeutender Stelle und kennzeichnen Umbruchsituationen.
Sicher hat die Geschichte auch als Kultätiologie (s. Bibeltheologische Einführung S. 21f) gedient. Die Ortssage von Penuel ist zugleich eine Heiligtumssage. In Penuel opferte man seit alter Zeit, weil dort die Gottheit erschienen war. Den Opferaltar und den Namen *Penuel* wird Israel von den älteren Einwohnern übernommen haben, passt er doch gut zu einem Kultort: „Gott wendet sich zu" oder: „Angesicht Gottes". Im alten Israel nannte man den Gottesdienstbesuch „das Antlitz Gottes suchen".

Zu den Motiven des Textes

In jener Nacht machte er sich auf ...
Jakobs Kampf mit Gott lässt sich als Höhepunkt der Jakobserzählungen (Gen 27-33) und zugleich als Wendepunkt sehen. Die *Nacht* macht das Geschehen zu einer unheimlichen, dunklen Geschichte. Die am Schluss aufgehende *Sonne* lässt sie zum Durchgang zu mehr Klarheit werden.

die Furt des Jabbok ...
Die Anordnung des Geschehens deutet sowohl zeitlich als auch räumlich (am Flussübergang) auf ein Übergangsereignis. Am Grenzfluss Jabbok muss sich Jakob seiner dunklen Vergangenheit, seinem Schatten stellen. Sein Schatten holte ihn bereits ein, als gemeldet wurde, dass sein Bruder Esau ihm mit 400 Mann entgegenziehe: Angst überkommt ihn wegen Esau. Er selbst vermag (noch) nicht über die Grenze zu gehen. Die Grenze, die zugleich aus einem bedrohlichen Element, dem Wasser (Fluss), besteht, kann er nur überschreiten als gewandelter Mensch.

Ein Mann rang mit ihm, bis das Morgengrauen aufzog.
Im Dunkeln, dem Sinnbild für das Nichtdurchschaubare seiner eigenen Tiefe, überfällt es ihn plötzlich und zwingt ihn zum Kampf. Nun, ohne alle Sicherheiten, kann er nichts mehr dazwischen stellen. Er ist auf sich selbst gestellt, ausgeliefert. (Viele Menschen erleben wie er einen solchen „Überfall", wenn sie meinen, in ihrem Leben alles geordnet zu haben: eine gesicherte Stellung, ein ausreichendes Einkommen, eine wohlfunktionierende Familie, eine gute Gesundheit. Auf einmal wird alles in Frage gestellt. Man weiß nicht, wie es weitergehen soll.) Das Unheimliche, das

ihn bekämpft, ist für Jakob namenlos, (s)ein Schatten. Jakob widersetzt sich mit aller Kraft und hält durch. So kann ihn der Unbekannte nicht besiegen.

rührte er an seine Hüfte ...
Beim Aufgehen der Morgenröte, dem Symbol für den aufs Äußerste gehende Kampf zweier gegensätzlicher Prinzipien (Finsternis und Licht), holt der Gegner zum verwundenden Schlag aus. Aber auch dann noch zeigt sich Jakobs Wesen: Er lässt nicht los, er will sich seinen Segen erkämpfen. Er treibt es bis zum Äußersten und hält sein Gegenüber fest.

Was ist dein Name?
Auf die Frage des Unbekannten muss Jakob sein wahres Wesen offen legen: *Jakob*, das heißt in biblischer Deutung (Gen 27,36) „Betrüger" oder: „er hat überlistet" (vgl. S. 88). Er muss zu sich, zu seiner Identität stehen. Dadurch, dass er sich selbst und sein Tun beim Namen nennt, muss er sich anschauen, annehmen, wie er ist. Indem er aber die Wahrheit über sich selbst offen legt, wird ihm auch schon eine neue Identität verliehen: *Israel*, d. h. „Gottesstreiter". Es erscheint völlig paradox: Jakob wird zum Sieger im Kampf mit dem Menschen (mit sich selbst?) und Gott erklärt. Gerade, als er sein „übles" Wesen anschauen muss und ausgeliefert ist, wird er nicht ausgenutzt (wie er selbst früher vielleicht gehandelt hätte), sondern wird zum Sieger erklärt.

„Nenne doch deinen Namen!"
Schon will Jakob wieder zugreifen mit der Frage nach dem Namen des anderen, hier also dem Namen Gottes. Der jedoch bleibt der Unverfügbare und lehnt das Ansinnen ab. Aber er segnet Jakob dort. Jakob hat sich diesen Segen im offenen Kampf „von Angesicht zu Angesicht" erworben und nicht, wie zu Hause von seinem blinden Vater erschlichen. So kann er den Segen annehmen und der Verheißung glauben. Aber er kommt nicht „ungeschoren" davon:

er aber hinkte an seiner Hüfte ...
Als Gezeichneter, hinkend, geht Jakob aus dem Kampf hervor. Nun ist die Verwundung, das Verwundete, was in ihm schon lange war, außen sichtbar. Er kann es nun anschauen. Und so kann er der Zukunft und seinem Angst-Bruder begegnen und auch dort mit dem Leben davonkommen. Statt sich auf Leben und Tod zu bekämpfen, können die beiden Brüder (auch Jakob/Israel mit seinem eigenen Schatten) sich nun versöhnen.

Weiterführende Literatur

Erzählen / Erzählformen

BECK Eleonore (Hrsg.), Was wäre, wenn Eva den Apfel nicht gegessen hätte? Ostfildern 2000

DEICHGRÄBER Reinhard, Anleitung zur Meditation biblischer Texte, Göttingen, Zürich 1999

JANNING Jürgen, Märchenerzählen: Lässt es sich lernen – kann man es lehren? in: Märchenerzähler – Erzählgemeinschaft. Veröffentlichungen der Europäischen Märchengesellschaft, Bd. 4, Kassel 1983

NEIDHART Walter/EGGENBERGER Hans (Hrsg.), Erzählbuch zur Bibel, Zürich 1975

OEHLMANN Christel, Einfach erzählen! Ein Übungsbuch zum freien und gestalteten mündlichen Erzählen, Paderborn 2001

SENNHAUSER Walter, Du sollst nicht belehren. Vom absichtslosen lustbetonten Vorlesen und Erzählen in der Schule, im Religionsunterricht und daheim, Berg a. Irchel 1998

STEINWEDE Dietrich, Exemplarische Formen des Umgangs mit Bibeltexten. Erzählen, in: LANGER Wolfgang (Hrsg.), Handbuch der Bibelarbeit, München 1987, 257-262

TER LINDEN Nico, Die schönsten Geschichten der Bibel, Gütersloh 2002

Bibel und Märchen

BALMER-AEBI Marie-Anna (Hrsg.), Bibel und Märchen, Schweizerische Märchengesellschaft, Winterthur 2001

BETZ Otto, Märchen als Weggeleit, Würzburg 1998

BETZ Otto, Die langen Wanderungen. Das Wegmotiv in der Bibel und in Märchen, in: BALMER-AEBI, 20-28

BETZ Felicitas, Der Erzähler als Schöpfer, in: Märchen und Schöpfung (Veröffentlichungen der Europäischen Märchengesellschaft Bd. 19), Regensburg 1993

DICKERHOFF Heinrich, Trau deiner Sehnsucht mehr als deiner Verzweiflung. Die Botschaft der Märchen verstehen, Mainz 2001

FROMM Erich, Märchen – Mythen – Träume, Hamburg [18]2004

GUNKEL Hermann, Das Märchen im Alten Testament, Frankfurt 1987

HORN Katalin, Gemeinsame Themen und Motive in der Bibel und in den Märchen, in: BALMER-AEBI, 9-19

KNOCH Linde, Praxisbuch Märchen, Gütersloh 2001

Erzelternerzählungen / Familiensagen
ALBERTZ Rainer, Die sozial- und religionsgeschichtlichen Folgen der Exilszeit, in: BIBEL UND KIRCHE 55 (3/2000), 127-131
BAL Mieke/VAN DIJK HEMMES Fokkelien/VAN GINNEKEN Grietje, Und Sara lachte. Patriarchat und Widerstand in biblischen Geschichten, Münster 1988
BRIELMEIER Beate/ELTROP Bettina (Hrsg.), Zahlreich wie die Sterne. Familiengeschichten aus dem Hause Abraham (Reihe: Bibelarbeit mit Kindern 4), Stuttgart 2004
BÜHLMANN Walter, Frauen und Männer im Alten Testament. Abraham, Sara, Mose, Mirjam, Gideon, Debora, Luzern-Stuttgart 2005
FISCHER Irmtraud, Gottesstreiterinnen. Biblische Erzählungen über die Anfänge Israels, Stuttgart ²2000
FISCHER Irmtraud, Die Ursprungsgeschichte Israels als Frauengeschichte, in: SCHOTTROFF Luise/WACKER Marie-Theres (Hrsg.), Kompendium feministische Bibelauslegung, Gütersloh ²1999, 12-25
FISCHER Irmtraud, Aufbruch zu Neuem. Im Spiegel des Ersten Testaments, in: BIBEL HEUTE 161 (1/2005), 6-9
HEILIG Petra, Hagars Weg aus der Ausweglosigkeit, in: FrauenBibelArbeit Band 3, Stuttgart 1999, 36-45
KRAUSS Heinrich, KUECHLER Max, Erzählungen der Bibel II. Das Buch Genesis in literarischer Perspektive. Abraham – Isaak – Jakob, Freiburg i. Ue. 2004
MAY Melanie, Saras Lachen in: Feministisch gelesen 1, Stuttgart ³1990
SCHMITZ Barbara, „Soll ich wirklich noch Kinder bekommen?“, in: FrauenBibelArbeit Band 11, Stuttgart 2003, 19-25
THEUER Gabriele, ... um Kinder zu gebären, in: FrauenBibelArbeit Band 2, Stuttgart 1999, 36-45.
WELLMANN Bettina, „Sei mein Gast!“ Praxisbausteine zu Genesis 18,1-18 (Gott zu Gast bei Abraham) in: BIBEL HEUTE 160 (4/2004), I-IV
WELT UND UMWELT DER BIBEL 30 (4/2003): Abraham

Autorin und Autoren

Dieter Bauer, Theologe und Erwachsenenbildner. Leiter der Bibelpastoralen Arbeitsstelle des Schweizerischen Katholischen Bibelwerks.

Christa Breiing, Religionslehrerin und Bibelgruppenleiterin, Herrliberg/Zürich.

Peter Zürn, Theologe, Pädagoge und Erwachsenenbildner. Fachmitarbeiter an der Bibelpastoralen Arbeitsstelle des Schweizerischen Katholischen Bibelwerks.